Structured Group Encounter

# エンカウンターで保護者会が変わる

保護者と教師がともに育つエクササイズ集

**小学校**

國分康孝・國分久子 監修
片野智治 編集代表
原田友毛子・杉村秀充・渡辺寿枝 編集

図書文化

## はじめに

監修者　國分康孝<br>
　　　　國分久子

　本書の編集会議に出かけるとき，監修者の私ども2人には，こんな考えがあった。「最近の保護者には教師や学校に理不尽な要求を突きつける人もいて，教師が辞職や自殺に追い込まれることもあると聞く。そういう保護者の無理難題に対しては，構成的グループエンカウンター（SGE）の中の『対決技法』で切り込んでいくにかぎる。教師や学校にも主張すべき権利がある」と。

　ところが，編集会議の場における，私どもの教え子にあたる教育カウンセラーたちの体験に基づく提唱は，監修者の意表をつくものであった。その骨子は以下のようなことである。

　「教師にとって非常識に思われる母親や無理な要求を言う父親は，実は自分も困っている親なのだ。そういう親は，親の仲間グループから離れて孤立してしまうことが少なくない。それゆえ，親同士がヒューマンネットワークをつくり，感情交流や情報交換ができるように支援していくことが，根本的な解決策である。欲を言えば，それがさらに学校をサポートしてくれるような関係に育ってくれると，教師が保護者に対して恐怖感をもつようなことも消えるはずである。そういう体験をもつ現場の教師は少なくない」と。

　すなわち，本書では，保護者と教師の「コンフロンテーション（対決）」より，「シェアリング（内的世界の共有をめざす自己開示と被受容感）」にウエイトをおく編集方針が話し合われたのである。

　この会議の少し前に，片野智治（本書の編集代表）はSGEの基本原理をコンパクトにまとめた『教師のためのエンカウンター入門』（図書文化社，2009）を上梓した。これをさらに「保護者と教師の自他肯定感」の育成にねらいを特化して，その方法を提唱したのが本書である。編者も分担執筆者も教育カウンセラーである。監修者としてはそれが誇りである。

　本書はSGEのスキルを単に応用させるに終わらず，SGEの思想の微香が漂う本を志したつもりである。

# 目次　エンカウンターで保護者会が変わる　小学校

はじめに　—監修の言葉— ……………………………………………………3
エンカウンターを保護者会で活用するときのコツ ……………………………6

## 第1章 エンカウンターで保護者と教師が共に育つ

保護者と教師が共に育つ学校づくり ……………………………………………8
「子育て」を軸に地域文化を再生する …………………………………………10
保護者向けエクササイズ選びのエッセンス ……………………………………14
保護者にとってのSGE体験の意味 ……………………………………………18
なぜSGE的アプローチをとるのか　—カウンセリングを超える特色とは— ………20
本書の限界と留意点 ……………………………………………………………22

## 第2章 学級・学年でのSGEの活用

保護者会でのSGEの進め方 ……………………………………………………24
初めての保護者会を乗り越える ………………………………………………26

学級・学年で行うエクササイズ

| | |
|---|---|
| 一問一答 ………………28 　　—担任教師の自己紹介— | マジカルミラー ………………48 |
| さいの目語り ………………30 　　—担任教師と保護者同士の自己紹介— | 親子ハンドトーク ………………50 |
| わが子紹介 ………………32 　　—保護者の自己紹介— | わが子の好きなところは ………52 |
| タッチであいさつ ………………34 | ほめあげ大会 ………………54 |
| じゃんけん手の甲たたき/心と心の握手 ……36 　　—保護者も参加する授業で— | ホットシート ………………56 |
| バースデーライン ………………38 | 私はあなたが好きです。なぜならば …58 |
| 肩もみエンカウンター ………………40 | 私のいいところ ………………60 |
| 親子でカードトーキング ………42 　　—保護者も参加する授業で— | 共同絵画 ………………62 |
| | 受容と拒否のロールプレイ ……64 |
| すてきなあなた ………………44 | 短所を長所に ………………66 |
| あなたならどうしますか ………46 | 考え方をチェンジ ………………68 |
| | 親子ロールレタリング ………………72 |
| | 子どもに伝わるメッセージ ………74 |
| | 全知全能の神ならば ………………78 |
| | 別れの花束 ………………80 |

さまざまな場面での活用
- 保護者会で役割遂行 …………82
- 保護者面談 …………86
- 家庭訪問 …………88
- 学級通信 …………90

若手教師の保護者会体験記 …………92

保護者の視点から …………94

## 第3章 学校全体でのSGEの活用

学校全体でのSGEの生かし方 …………96

学校行事で行うエクササイズ
- バースデーライン …………98
  ―親子参加の行事の導入に―
- 仲間集まれ …………100
  ―保護者参観の行事の導入に―
- 気になることトーキング …………102
  ―自然教室などの保護者説明会で―
- 探偵ごっこ …………104
  ―就学時健康診断の導入に―
- わが子への手紙 …………106
  ―宿泊行事の夜のミニ内観に向けて―

希望者対象の子育て学習会 …………110

## 第4章 保護者リーダーによるSGEの活用

保護者リーダーを育てる …………124

保護者のサポートグループ …………126

保護者がリーダーのエクササイズ
- カウンセリング入門講座 …………128
- ネームカードで自己紹介 …………130
- 2人でインタビュー …………132
- 探偵ごっこ …………134
- 二者択一 …………136
- ビンゴ …………138

保護者・地域のふれあいから生まれる学校サポート …………140

## 第5章 日常に生かすSGEの精神

教師に必要な対人マナ ―いつでもエンカウンターできる教師をめざして― …………144

保護者SGEを支えるカウンセリング …………148

保護者会でのSGE実施の注意点 …………152

エクササイズの出典　書籍一覧 …………142
ワークシート …………153

## エンカウンターを保護者会で活用するときのコツ

### ●途中入室，途中退場を念頭に

・遅れてくる人や，兄弟姉妹の教室を行き来する人のために，保護者会の流れとエクササイズの手順を見えるところに書いておこう。
・途中退出する人には，「よかったら，感想を後日お知らせください」と伝えよう。連絡帳などに書いてきてくれることがあり，その場にいなくても，間接的に交流できる。
・参加をとまどっている人には見学してもよいことを伝えよう。見学する場合は，時間係などをしてもらったり，他の人が活動している様子を見学してもらったりする。

### ●自己開示の深さに注意

・いい雰囲気でエクササイズが展開すると，ふだんなら言わないことまで話せてしまうので，シェアリングのあとに「今日はちょっとしゃべりすぎたなと思う方は，『～は，ここだけの話にしてね』などとグループの人にそっと伝えましょう」と言うと，言い過ぎた感じの残っている保護者が安心できる。
・エンカウンターで知り合ったことをきっかけに，その後も保護者の交流は広がっていく。しかし，安易におしゃべりのネタにしてほしくないテーマもある。「今日は『子どもについての悩み』を話し合いますが，この話題についてはこの場限りのことにします」などと具体的に約束して，プライバシーが守られるようにする。
・エクササイズのやり方をデモンストレーションするとき，教師は勇気をもって自分を語ろう。自己開示にはストライクゾーンがある。初対面から自分を出しすぎると相手はとまどってしまうが，いつまでも通り一遍ではふれあえた感じがしない。人間関係の深まりとエクササイズのねらいを考慮して，参加者のモデル（手本）になる自己開示をめざそう。

### ●シェアリングはこう展開する

・シェアリングの仕方は，「エクササイズをしてみて『感じたこと』『気づいたこと』を語り合いましょう。どんなことでも率直にお話ししてください。いやな気持ちになったことなども，話せる範囲で語れるといいですね」と説明する。
・エクササイズの続きをしているグループがときどきあるので，リーダーが指摘する。
・話し合いの間，リーダーは各グループを回って様子を観察し，みんなに広めたい話題を集めておく。全体で交流するときに発表してもらったり，リーダーが紹介したりする。

# 第1章

# エンカウンターで保護者と教師が共に育つ

# 保護者と教師が共に育つ学校づくり

藤川　章

## 保護者と学校の役割を発揮して子どもを育てよう

　近所づきあいの希薄化は，全国いたるところで見られる現象である。地域の防災訓練でも，集まるのは60代，70代のお年寄りばかりという様子が多々見られる。地域における子どもの居場所や活動場面も減少し，伝統的な子ども会組織なども徐々に衰退する運命にある。そしてこのことは，地域社会の縮図として，学校の中の児童生徒同士の人間関係にも如実に反映されている。

　学校における子どもたちの集団は，いつの時代でも活気があるものだ。しかし，いまの子どもたちを見てみると，表面的な薄っぺらなつき合いにとどまり，その関係はいたって脆い。日常的な対立を包み込み修復するような，地域の異年齢集団や，家族同士の緊密なつきあいも，姿を消してしまったか，あるいはかつてとは比較できないほど弱くなった。子どもたちは友達づきあいが下手で，小さなトラブルを乗り越えることができずに，簡単に行き詰まる。

　そんな子どもたちを目の前にした私たちは，学級経営に構成的グループエンカウンター（SGE）を取り入れる活動を続けてきた。本音と本音で交流し，気づきを得ることで，子どもたちが変わっていくことを実感してきた。その中でさらにもう一歩踏み込む可能性を感じてきたのが，「保護者のエンカウンター」なのである。

　いまの世の中，価値観の多様化という美名の下に，お互いの存在への無関心や，面倒なことにはかかわらないという無責任さが増長されてきた。保護者がバラバラなままでは，子どもたちのトラブルや行き詰まりも解決しようがないことを，私たち教師は痛いほど感じている。だから，保護者同士が同世代の大人として，そして子育てをする親として，本音と本音で向き合えるようにしていきたいのである。

　SGEを体験して気づきを得た保護者は，自分の子どもへのかかわり方が変わっていく。教師が学級経営にSGEを取り入れたとき，自らも本音を語り，子どもの本音と真剣に向き合い，それを受容しようとした結果，教師自身が成長したという実感をもった。それと同じことが，SGEを体験したとき，保護者たちにも起きる。

　また，SGEは「高級井戸端会議」と表現される。教師と保護者が，感じたこと・気づいたこ

とをシェアする（分かち合う）ことで，お互いへの理解が深まり，それぞれの役割が意識できる。そして，協同で子育てをするという共通認識が生まれてくる。

## 自己開示できる教師に

いわゆる「授業の名人」といわれる教師は，自分のパーソナリティを生かしながら，長年培ってきた知識・技能を計画的に緻密に展開していくことによって，児童生徒に「わかる喜び」「できる喜び」を味わわせる。

SGEにおいても，リーダーとなる教師が，その背景となる思想や理論についての知識，展開のためのスキルをもっているにこしたことはない。しかし，いちばん必要なSGEの精神は，勇気をもって自己開示することにある。「SGEは自己開示に始まり，自己開示に終わる」とさえ言われる。その点では，新任教員もベテランもない。保護者に対して畏れずに自己開示できることが，保護者会でSGEを行うリーダーの必要条件となる。

自己開示を基本に，エクササイズのねらい，方法，ルールを簡潔に，明確にインストラクションすることができれば，あとは回数を重ねることで，メンバーたちの力で集団は育っていく。

## SGEを生かした学級経営・学校経営

保護者の集団づくりは，児童生徒の集団づくりと同時に進めていく。入学式直後に，児童生徒へ学級開きのエクササイズを行うのと同様に，まずは，最初の学級懇談会，学年・全校の保護者会等をエンカウンター形式で進行したい。

第1段階は，握手のみでよい。「これから1年間，同じ学級（学年・学校）で，ともに子どもの成長を支え合う仲間同士，よろしくお願いしますという気持ちをこめて握手をしましょう」というインストラクションを行い，教師もすすんで中に入って握手をする。ほんの2〜3分間で，集団の雰囲気はあたたかいものに変わる。この握手を，「1分間でできるエンカウンター」と紹介するのである。

第2段階は，児童生徒に学級開きで行ったエクササイズを紹介する形で，保護者にもエンカウンターを体験してもらう。お互いを知り合い，リレーションをつくるエクササイズをする。エクササイズの指示にしたがって自己開示していくと，前から知っていた相手の中にも新しい発見があって，新鮮な感じをもつ。「この人たちと，これからやっていくんだなぁ」という仲間意識が自然に生まれてくる。このように，新しい出会いに，グッドフィーリングをもつ体験を大切にしたい。

最後に，共同で子育てしていく仲間集団として，お互いの思考・感情・行動を交流させることを目的に今後の保護者会を開催することを宣言して，次回へとつなげる。ここで，年間の保護者会の予定と，どんなエクササイズを行うかの計画も示せるようにしたい。

# 「子育て」を軸に地域文化を再生する

藤川　章

　開かれた学校には，保護者や地域の方々が日常的に多く出入りするようになる。子どもや教師のサポーターとして来校するだけでなく，学校に対してさまざまな協力を求めてくることもある。「子育て」する大人たちが，学校の内外を問わず協力し合うのはあたりまえである。

　そして，学校を舞台に，教師や保護者，地域の方々が「子育て」について本音で交流することを積み重ねていくと，やがて，人を育てる地域の文化が生まれる。大人たちもその中で成長するようになる。

## 教師に対するイメージを変える

　保護者は，わが子の担任に対してどんなイメージをもっているものであろうか。いまや，「学校の先生」を権威として露骨に感じる保護者は少ないと思う。しかし，どこか潜在的に，男の先生には自分の「父」イメージを，女の先生には自分の「母」イメージをダブらせて，畏縮したり内心では反発を感じたりしていることがある。また一方では，自分と教師の年齢や学歴，キャリアを比較して，対抗心をもってしまう場合もある。いずれにしても，わが子が「人質」にとられているという思いから，保護者は本音を隠して教師と表面的に交流する。

　これに対して教師の方はどうだろうか。「あの家庭は父親の姿が見えない」とふだん言っていながら，いざ父親が学校に来るとなると，警戒心を覚えて身構えてしまう。「学級懇談会は気が重い」と，はなから敬遠する教員もいる。このような緊張感は保護者たちにも伝わるので，互いに本音を隠した表面的な交流となる。もちろん保護者は，学校に「また来たい，参加したい」という気持ちにならない。

　では，どうなれば，教師に対して親しみを感じ，信頼感をもってもらえるようになるのか。わが子が「先生のことが好き」と感じていることは，まず第一条件である。さらに，授業のうまさ，行事や部活の指導の熱心さ，相談的な態度，トラブル時の誠意のある対応なども条件になる。そして，それらを総合した結果として，学級がまとまっている，子どもたちの仲がよいと感じられたときに，担任への信頼が生まれる。しかし，これらはどれも子どもを間に挟んだ間接的な信頼関係である。それに，信頼関係が生まれるまでに時間がかかりすぎる。

　もっと，子どもを挟まない直接的な場面で教師と保護者がふれあい，積極的に信頼関係を

築いていくことはできないか。また，教師にも，老若男女，「快活」「冷静」など，いろいろなタイプがいて，そこから「話しやすい」「取っつきにくい」という印象の違いも出てくる。この差を乗り越え，保護者たちがどの教師に対しても遠慮なく，また，過度に批判的・攻撃的にならずに，本音で相談してくるようにできないであろうか。

これに対する本書の回答が，保護者の構成的グループエンカウンター（SGE）である。最初の保護者会では，保護者と教師のリレーションが深まるエクササイズを行う。エクササイズ中，教師は勇気をもって自己開示し，自分の人柄，考え方，感情を，保護者に理解してもらう。まずは教師が余計な防衛を解いて，保護者に対して本音で向き合うのである。それこそが，信頼関係づくりの第一歩となる。

## 地域社会の成員として自己成長する

保護者は，その多くが現役の企業人や，自営業を営む人々である。現在は専業主婦（夫）でも，家庭に入る前にはその経験がある人がほとんどである。いわば，広い社会経験をもって，父親となり母親となっている。しかし，地域のつながりや近所づきあいを豊かに経験しているかといえば，そのような人は少ない。核家族が増え，保護者自身も，日常的な生活の中で，共同の作業を通じて，年長者からさまざまな生活の知恵を身につけるような機会はほとんどなくなってしまった。

例えば，かつて日本のあちこちに「結（ゆい）」と呼ばれる相互扶助組織があった。田植えや稲刈り，屋根葺き，道普請といった共同作業では，お互いが生活を助け合い，支え合いながら，先人の知恵や技術を受け継いでいくことができた。しかしいまでは，そのような共同作業の大部分が機械化・産業化され，結のような相互扶助組織はその存在意義を失ってしまっている。人口の流動という事情と相まって，都市部ほどこの傾向は強い。

こういった状況の中で，実は唯一，「子育て」という作業だけが，いまも多くの人が集い，助け合い，支え合いながら進める必要性が大きい作業であると言えるのではないか。「教育は学校の仕事」「学力アップのためには塾」と考えるのではなく，子育てだけは，地域の大人の知恵と努力を結集して，社会全体が協力して進めていく必要があるのではないか。そして，保護者にとって，子育てという共同作業を通してこそ，地域の一員として自らも成熟し，一個の人間として自己成長を果たすチャンスが得られるのではないだろうか。

## 子育てスキルを高める

さきに述べたように，核家族が増え，保護者自身も，日常的な生活の中で，共同の作業を通じて，年長者からさまざまな生活の知恵を身につける機会はほとんどなくなってしまった。そこで，祖父母から代々受け継がれるわが家の「子育て」法の代わりに，学校や地域に集った

グループの中で，親としての子育てスキルを習得することを提案する。

　習得したい子育てスキルには，以下の4つをあげたい。カウンセリングマインドを生かした，子どもとのかかわり方である。これらのスキルを身につけるには，SGEのエクササイズとして体験し，訓練して身につけるのが最適である。また，4つのスキルについて，それぞれ上手な人のスキルを見て，聴いて，自分で試すことができるようなエクササイズを行えば，きわめて実践的な研修会になり，「今日帰ってから，さっそく試してみよう」となるはずである。

## 〈4つのスキル〉

傾聴……英語ではアクティブ・リスニングという。積極的な聴き方のことである。傾聴にはさらに，「受容」「繰り返し」「質問」「明確化」「支持」の5つの技法がある。「今日，学校どうだった？」「べつに……」「（まったく，もう！）」という不毛な会話に陥らないように，子どもが自分の気持ちを素直に伸び伸びと話すことができる聴き方を身につける。

自己開示……話を聞くときに，一方的に子どものことを聴き出すのではなく，積極的に親が自分のことも伝えるようにする。伝える内容は，自分についての事実・感情・思考の3種類である。「今日は暑かったなぁ。思わず居眠りが出そうになっちゃったよ。あきらはどうだった？」のように切り出せば，子どもも話しやすくなるというものである。

共感的理解……「先生さぁ，ぼくの言い分を聞かずに一方的に怒るんだもん。いやになっちゃったよ」というわが子の愚痴に対して，「あなたが悪いんだから仕方ないでしょ」とたしなめると，そこで親子の会話は止まってしまう。そして，次からは返事をしなくなる。このときの返し方のコツは，「そう，そりゃ悔しかっただろうね」と，そのときの子どもの感情に焦点をあて，感情を受け入れることである。すると，「まあ，ぼくも悪かったんだけどね」などと，子どもは自分を振り返られるようになる。

自己主張……親としての考えを述べたり，子どもに何か要求したりするときの言い方は，「私メッセージ」がよい。親にとって嫌だなあと思う子どもの行動について，「私」を主語に，親の感情を率直に伝えるのである。例えば，「お前のその言い方はなんだ」を，「お前のいまの言い方は，お父さんは嫌な感じがしたよ」に変えるだけで，子どもの受け止め方が変わってくる。「あなた」を主語にすると非難のメッセージになるが，「私」を主語にすると，親が自分の気持ちを述べていることになるので，子どもが受け止めやすくなるのである。

## 学校を地域文化の発信地に

　現代社会のよいところは，昔のように家柄や性差による差別がなくなり，自由になったことである。地域の有力者がすべてを仕切って意見を言えないということもないし，女性が一歩下がって発言できないということもない。このような地域の民主化は，それ自体よいことである。

しかし一方で,「言った者が勝ち」のように,無軌道・無責任な言動が大手を振ってまかり通る状態も生まれてきている。人々から慎みが失われ,不適切な言動をたしなめる良識が出てきにくいのである。

全校保護者会で校長があいさつを始めても,私語があちらこちらで止まらない。よく見るとガムをクチャクチャかみ続けている保護者が大勢いる。そんな話を聞くことがある。このような状態を生んでいるのは,いわば「地域の文化」といわれるものである。ネガティブな「地域の文化」があると,どんなにがんばって教育活動を行っても,「賽の河原」の石積みのように虚しいものになってしまう。だから,いま学校で,人々がかかわり合うことを通して,望ましい地域の文化を再生していく可能性を求めてみたい。

だいそれたことを言っているようであるが,学校・保護者・地域が三位一体となった「子育て」を考えていくと,ここに行き着くのである。

地域社会には,実にいろいろな文化が,相互に無関係に混在している。その文化が,教育という共通テーマのもとに集うのが「学校」である。例えば,学校を舞台に,地域の文化祭として,俳句教室や詩吟の会,太極拳教室,アフリカン太鼓教室などが催されたり,さまざまな短期講座・集中講座が,中学生を含む地域の人に開放されている。

子育てをねらいに,このような文化が学校に集い,人々が交流し,新たに文化が学校から地域に発信されていく仕組みをつくることができないだろうか。そして,それらを結びつける接着剤として,SGEがその存在価値を発揮する。

## 地域と協同する教師に

教師の本分は,もちろん児童生徒の教育である。しかし,その教育にはさまざまな困難が存在する。教師と学校が孤軍奮闘するだけでは,教育は全うできない。困難を乗り越えて教育の目的を果たすために,学校と保護者やその背後にある地域が協同することは,もはや不可欠である。

地域の人々と学校が協力関係を築くときの原理は,何も特別なものではなく,自己開示をもとにした相互交流である。ここでも,本音と本音で語り合うことから始まる。校長とか,PTA会長とか,町会長,児童委員,保護司という肩書きから,つかのま離れて,ひとりの大人として心をふれあうことにより,一気に親しみと信頼感が深まる。

SGEは,このような大人たちの相互交流が,意図的・計画的にプログラム化されたものである。これこそが,協同する関係づくりの頼みの綱になる。

# 保護者向けエクササイズ選びのエッセンス

片野智治

　構成的グループエンカウンター（SGE）は，全国の都道府県立教育センターの現職教員研修に導入されている。それほどまでにSGEは，学校教育現場に普及・定着している。児童生徒と教師，児童生徒同士のふれあいに対する認識が高まるとともに，こころの居場所づくりへの取組みの必要性が増していることを示している。

　本書は，保護者と教師，また保護者同士が，エンカウンター（ホンネとホンネのふれあい）するために編集されている。よって，児童生徒対象の場合と異なる，保護者を対象とするSGEに特有の留意点を，エクササイズ選択の観点から説明する。

## 発達段階に応じた親子関係の特徴

　本書の対象となる保護者を大ざっぱに分けると，小学校低中学年の子をもつ保護者と，小学校高学年から中学生の子（青年期前期または思春期）をもつ保護者に分類できる。そこで，発達段階に応じた親子関係の特徴に合わせて，エクササイズを選択することが望ましい。

　保護者が教師やカウンセラーに相談したいおもな困りごととその背景から，親子関係を理解することができる（17ページの表を参照）。こうした保護者の気持ちを教師が受け止めるとともに，これらをテーマとしたエクササイズをしたり，エクササイズの話題にふれたり，または，こうした問題に対するシェアリングをする，などが考えられる。

## 3種類のフレーム

　エクササイズ選択の第2の留意点は，ワンネス，ウィネス，アイネスの3種類のフレームのいずれかを意識することである。これらは，SGEの提唱者である國分康孝先生・國分久子先生がアメリカ留学中に師事した，実存主義的な児童臨床家ムスターカス, C. の言葉である。

　これらの観点にそってエクササイズを選択し，年間プログラム（実施計画）を構成することを勧めたい。留意点は，ワンネス，ウィネス，アイネスの順序を踏まえることである。

### (1) ワンネス，ウィネス，アイネスとは

　ワンネスは，相手の内的世界を共有し合うあり方である（being-in）。お互いに，受容・被受容体験や共感・被共感体験をする。この関係では，好意の念に基づいた無条件の積極的関心

が，ホンネとホンネの交流を支えている。例えば，ある保護者が子どもの問題で頭をかかえているとしたら，あたかも自分がその保護者になったかのように，苦悶，葛藤，焦燥感を味わうのである。ここでは，善悪の判断や評価的な態度をしない。

ウィネスは，仲間や同盟者といった意識をベースに，お互いの足りない部分を補い合う関係をいう（being-for）。例えば，保護者同士が，子どもや学級を介して相互扶助し合う。学校でバザーがあるときは，係や担当者だけに任せるのではなく，一人一人みんなが自分にできることをする。お互いの間での協同（協働）意識が旺盛な関係である。

アイネスは，メンバー相互が自己開示的で自己主張的である（being-with）。また，対決（生産的論戦）もする。次のような会話は，その例である。

A「このごろ，子どもが私や父親に反抗的な態度をよくとるのよね。第二反抗期という言葉は知っていたけど，こんなふうになるとは予想もしなかった。いま，とても切なくてやるせない気持ちと無力感でいっぱい……」（自己開示）

B「私も一時期，あなたと同じような気持ちにとらわれていたことがあったわ。いままで側にいた子どもが，別の世界に住むようになったというか，遠くに行ってしまったような感じになったのね。そのとき私は，子どもは自分の占有物ではないと実感したわ。私は私の生活（人生）を生きようと考えた。あなたもそうしてみたら」（自己主張）

B'「あなた，ちょっと感傷的よ。ダメダメ。子どもは子どもよ。親は親，だわ。子どもなんてね，これからは困ったときぐらいしか，親を頼ってこないわよ。私たちも同じ年ごろのとき，そうだったでしょ。子どもにベタベタしていると，余計にうるさがられるわよ」（対決）

### (2) ワンネス，ウィネス，アイネスに応じたエクササイズ例

#### ① ワンネスのエクササイズの例「傾聴訓練」

SGEの「傾聴訓練」（國分康孝『エンカウンター』誠信書房，1981）は，スキルトレーニングではなく，傾聴的な姿勢・態度を強調するものである。受容や共感に基づいて，さらなる「無条件の肯定的・積極的関心」の重要性を示す。聞き手にとっての興味の有無，価値判断，評価といったものを抜きにして，ただひたすら語り手に心を向けるというものである。

表現されている言葉を手がかりに，相手の内的世界に融合するような聴き方を心がけるのがねらいである。話の腰を折る（さえぎる），聞き手の興味や関心で脱線する，聞き手が話題を奪って自分の話題にすりかえたり，語り手を無視する，といった聴き方をしない。

実のある保護者会，心から出席してよかったと感じられる保護者会とは，出席者がお互いに「気持ち（感情）」が通じ合い，ふれあいがある会であろう。

#### ② ウィネスのエクササイズの例「共同絵画」

仲間意識の元になるものとは，相互に「思いやる」気持ちである。思いやるということは，ワンネスのことである。すなわち，ウィネスとは，ワンネスの発展的な過程なのである。代表的

なエクササイズが，共同絵画である。

5～6人1組で，1枚の模造紙に「いまこの瞬間の気持ち」を無言状態で絵にする。周囲に合わせる必要はないが，描き手の気持ちを理解しようとする姿勢・態度を大事にする。

次のステップでは，「①あなたはどのような気持ち・思いを絵にしたか」「②描いていたとき，どのような気持ちであったか（なったか）」について，各メンバーが語り合う。留意点は前者①では絵が中心ではなく気持ち・思いが，後者②では気持ち・思いの変化が中心になる。例えば「保護者会に来るまでは重く暗かった気持ちが，幾分明るくなって，一緒に散歩でもしたい，つまり子どもと和みあいたいという気持ちを絵にしました」（前者①の例）。「私は絵が苦手なので，気おくれを感じていました。それでも○○さんが私の絵を見て，微笑んでくれたので，もっと描こうという勇気が出てきました」「○○さんの絵につけ加えたくなったとき，彼女がゴーサインをくれたので，途端に気が大きくなりました」（後者②の例）。

最後は「やってみて感じたこと気づいたことを自由に語ってください」とシェアリングする。

### ③アイネスのエクササイズの例「私のお願いを聞いて」

アイネスのエクササイズの代表的なものが「私のお願いを聞いて」である。ねらいは自己主張である。留意点は自己主張のスキル・トレーニングではなく，自分を打ち出す気概（主張反応）を体験するところにある。子どもの「うるさいなぁ」「そんなこと言われなくてもわかっているよ（二の句がつげなくなる）」といった反応を受けると，親は気持ちがめげてしまう。そこで気概を出して自己主張や生産的論戦をすることをためらってはならない。

## シェアリング

保護者向けのSGEで重視したいシェアリングは，「感じたこと気づいたことを共有する，分かち合う」の意味である。2～6人のグループになって，平均5～7分程度，「感じたこと気づいたことを自由に語り合う」という方法である。語り合いの場面を構成することで，保護者同士の自己開示が促進され，相互の開示によってラポール（親しみ）が形成される。

| 機能 | ①同じエクササイズを体験しても，感じ方受けとり方は一様ではない。この差異を体験的に理解できる。<br>②シェアリングは保護者相互の感じたこと気づいたことの比較を促す。これが感情・認知の修正・拡大につながっていく。 |
|---|---|
| 留意点 | ①シェアリングは「とうとうと」「よどみなく」弁舌を振るうことではない。<br>②内容や保護者ののりや集中度に着眼し，時間配分を柔軟にする。<br>③小グループ間の交流をする。<br>④介入といって割り込み指導をする。脱線している，特定の個人が時間を独占している，仕切っているとき。 |

## 表　子どもの発達段階に応じた保護者の困りごと

●小学校低学年・中学年の親子関係の特徴を反映した保護者の困りごと

**学習面**
困りごと：家庭学習の習慣のつけ方／授業についていけなくなるのではないかと心配
背　　景：「(心配なのに) 子どもなかなか言うことを聞いてくれないのです。テレビを消して勉強しなさいと言うと，"これが終わったら消すよ。うるさいから黙っていてくれない"，と口答えされる」という親子関係の葛藤

**心理社会面**
困りごと：担任の先生との関係がうまくいっているか／友達とうまくやれているか
背　　景：「うちの子，このごろ元気がないのです。このあいだ，たまたま仕事に余裕ができたので早く帰宅したとき，一緒におやつを食べようと誘っても，返事もしないのです。何かあったの？　と聞いても答えないし。うちの子はハキハキものを言うほうではないので，気になって気になって。先生，心当たりはありますか。何かお聞きになっていますか」という親自身の煩悶

●小学校高学年の親子関係の特徴を反映した保護者の困りごと

**学習面**
困りごと：塾に通わせることの是非／勉強と部活動・クラブ活動との両立
背　　景：「同じクラスの○○さんが塾に行き出したというのです。受験するそうですね。受験させるかどうかまだ考えていませんが，塾でも勉強させたほうがいいでしょうか。うちの子は勉強遅れていませんか」という親自身の煩悶

**心理社会面**
困りごと：言葉が乱暴になり，服装が乱れて心配／性の問題への対処
背　　景：「先生，最近子どもが学校でのことをまったく話してくれなくなりました。急に子どもが遠くに行ってしまったようで，それが妙に気になり出して，不安で心配になるのです」「友達から借りてきた漫画らしいのですが，内容がけっこうあけすけなんですね。最近，急に男臭くなりましてね。男の子のお母さん方は，みなさん何て言っていますか」という親自身の煩悶

●中学生の親子関係の特徴を反映した保護者の困りごと

**学習面**
困りごと：不得意科目の勉強法／勉強と部活動・クラブ活動との両立
背　　景：「クラブに夢中になっていて，ちっとも勉強しないのですよ。疲れて帰ってきて，後はテレビを見ているだけですものね。これでいいのでしょうか」

**心理社会面**
困りごと：いじめられている (いじめられやすい) ときの対応／学校から，子どもの行動について問題があると注意を受けたとき／子どもと担任との関係
背　　景：「うちの子は，いじめについて先生にきちんと話していますか。親同士で話したほうがいいですか」「先日，先生からのお電話の後，子どもに聞きただしたら，"うるさいな！"と部屋から追い出されました」という親自身の煩悶

# 保護者にとってのSGE体験の意味

原田友毛子

## ふれあい体験で「くらしにくさ」を乗り越える

　2009年6月，内閣府の調査によると，「くらしやすさ」についての認識が過去最低値になったそうだ。また，片野（2007）が述べているような，「他人（例：わが子たち，援助専門職）から反論されて自分が傷つくのは，嫌だし怖い。だから，反対したり，人と違ったことや本当のことを言ったりしない」という高齢者の言葉や，「グループの友達から無視されたり，"あの人はちょっと変わっている"と思われたりするのは耐えられない」「ホンネを言ったり，本心を正直に言ったりすることは怖い」という若者の言葉は，実は保護者にも当てはまると思う。

　近隣の人たちには家庭の込み入った事情や困りごとを知られたくないが，実家の親や親戚には心配をかけたくないので困りごとを相談できないなど，孤軍奮闘して疲れを感じている保護者もいるのではないか。社会的な経済状態の悪化だけではなく，さまざまな「くらしにくさ」の状況が生まれてきている現在であると考える。

　何か打つ手はないものだろうか。國分（1981）はそのような現代社会において，30年近く前から，構成的グループエンカウンター（SGE）を行う必要性として以下の5点をあげている。

①人口移動が激化し，表面上の親しさはあっても，多くの人々が自己疎外感や慢性の孤独感をもっているのではないだろうか。SGEは，自己疎外感や慢性の孤独感からの脱却，生きがいや活力の回復を可能にする。

②現代は組織の時代なので，多くの人は組織人であり，期待される役割によって，あるがままの自己を抑圧してしまう。SGEは，組織から自己を解放する一助となる。

③現代の家庭は大半が核家族であり，感情交流の対象が少なくなった。地域における人間関係も，希薄化・表面化が考えられる。SGEとは，感情交流体験そのものである。

④経済状況的には，人々の自己保存本能は満たされるようになったので，より高次元の欲求が生まれてきた。それは「愛情と承認の欲求」であり「自己を実現したい」という欲求である。SGEは，メンバー相互の愛情・承認欲求を充足させ，ホンネで生きることを促すので，「あるがままの自己」が実現できることになる。

⑤現代社会では個人主義が浸透し，相互の甘え合いが少なくなってきた。甘えとは，母子一

体感の回復のことである。SGEでは，メンバー相互で甘え欲求を満たし合うのである。

そして最後に，防衛機制の少ない人間関係は安定感と成長への勇気の根元になる，と國分はまとめている。

SGEが保護者にも有効である理由は，ひとことでいうと「ふれあい」の体験ができるからだと考える。「ふれあい」の体験をすると，自分自身の認知が変化したり，自己肯定感が高まることは，さまざまな研究結果から実証されている。そして他者への認知も変わり，受容しようという気持ちが高まる。これは，「くらしやすさ」として認識できる要素なのではないだろうか。

## 保護者・教師の成長が子どもの成長につながる

では「ふれあい」のある集団とはどのようなものであろうか。片野（2007）は，「健全」で「教育力」がある「集団」であり，以下のような条件を満たす集団であると述べている。これらはまさしく，SGEの「ふれあい」の体験によって形成される集団である。

①ホンネに気づけて，それを自己主張できる。
②メンバー相互の受容・被受容体験，共感・被共感体験の機会に恵まれている。
③愛情欲求・承認欲求の充足の機会に恵まれている。
④思考・感情・行動の模倣の対象が存在し，自己盲点を発見する機会が多い。
⑤役割やルールがある。これらは現実原則であり，従うために快楽原則を抑制するので，欲求不満耐性がつく。

では，保護者はどこでどのように「ふれあい」の関係をつくっていったらよいのか。いまや，学校がその役割を担っていかなくてはならない時代にきている。学校に集まるのは「保護者」という同じ役割をもつ人々の集団なので，「よりよい子どもの成長」という目的も共通である。したがって，共通行動（例：学校へのボランティア活動等）を取りやすい。しかし，子どもの卒業と同時に保護者同士の関係も終了というのでは惜しい。「子どもの成長」とともに「保護者自身の成長」という視点も織り込んでいきたい。その視点を実現可能にする力がSGEにはある。

SGEを行う第一の機会としては，まず学級懇談会をあげたい。SGEで保護者同士の構えが少なくなれば，当たり障りのない表面的な話や建前だけの会話から脱却でき，参加した保護者がお互いに一定のレベルでの交流をもつことができる。相手と気心が知れていて，自分の発言を受け止めてもらえると感じると，人は率直な意見を言えるようになる。教師自身も，建前や役割だけでなく，子どもの成長や自分自身の成長をめざした仲間として，保護者と共に前進することができる。聞く耳をもった教師として，保護者に認識してもらうことができ，それは信頼関係につながる。そうした「ふれあい」のある集団は教師自身も育てることができると考える。

保護者のよりよい集団が，いつか地域の核となって，「くらしやすさ」につながればよいというのが願いである。

引用文献：片野智治『構成的グループエンカウンター研究』図書文化2007，國分康孝『エンカウンター』誠信書房1981．P.23～32

## なぜSGE的アプローチをとるのか
――カウンセリングを超える特色とは――

國分康孝・國分久子

　本巻を含む2009年からの構成的グループエンカウンター（SGE）シリーズの書籍は，不登校対応・保護者会・外国語活動・特別活動・キャリア教育などの教育現場の諸問題に対応するのに，SGEがどのように役立つかということを共通テーマとしている。では，なぜカウンセリングの応用シリーズではなく，SGEの応用シリーズとしたのか。

　それは，SGEには「これまでのカウンセリング」を超えるものがあるからである。これまでのカウンセリングは，「傾聴，洞察，強化，モデリング，受容，情報提供，シェーピング」など，行動の変容を目的とする面接技法志向であった。すなわち，カウンセリングの第一勢力（精神分析志向）と第二勢力（行動理論志向）が主流であった。

　この二大勢力の弱点を補うものが，第三勢力（実存主義志向）である。そして第三勢力の具体例のひとつがSGEである。SGEは，これまでのカウンセリングをどのように補いうるのか。

### 自己開示

　精神分析理論でも自己理論でも，これまでのカウンセリングはリレーション形成を不可欠の条件としていたが，これは「洞察」や「自己概念の再構成」という目的を達成しようとしていたからである。ところがSGEのリレーション，すなわち「ふれあい」は，「ふれあい体験」そのものを目的としている。「ふれあい」を介して，「何かしよう，何かさせよう」という意図はない。「ふれあい」というリレーションは，人間の原点（母子一体感，我と汝の関係，ワンネス）を共有することであり，これ自体に意味があると考える。

　ところで，「ふれあい」とは，相互に自己開示し合っているリレーションのことである。これまでのカウンセリングの世界では，フロイディアンもロジェリアンも，カウンセラーは基本的には自己開示をしなかった。白紙の状態で臨めとか，中立性を保てと教えていた。科学的であろうとする行動理論では，そもそも主観的な自己開示については無関心であった。それとは対照的に，実存主義の影響を受けているSGE的アプローチの第1の特徴は，「自己開示」にある。

### 介入

　介入とは，目的達成を意図した反応（レスポンス）のことである。カウンセリングそのもの（例：

受容，繰り返し，明確化，支持，質問）が介入だといえるが，SGEの第2の特徴である「介入」は，カウンセリングのそれよりも能動的（割り込み的）である。SGEはカウンセリングよりも教育的色彩（現実原則志向）が強いからである。下記に，SGEの主要な介入を列挙したい。

①ルールの保持：時間，場所，グループサイズ，ペアリングの禁止など，「枠」の中での行動をSGEは指示・要請する。「枠」が行動の自由を保護し，促進すると考えるからである。

②ロールプレイや簡便法による面接：「自己弱小感」「抵抗」「ストレス」「葛藤」「迷い」「怒り」などから脱却させるために「エンプティ・チェア方式」「役割交換法」「論理療法的面接を用いた対決法（コンフロンテーション）」などを用いる。ただし，この介入がメンバーの耐性を超えると心的外傷になることもありうるので，メンバーの自我の成熟度（耐性，柔軟性，制御能力，現実感覚）を考慮する。そのときに役立つのが，カウンセリング理論である。

③リフレーミング：SGEリーダーは状況に応じてメンバーの認知（受け取り方）を修正することがある。例えば，「自分は申し分のない人間だ」と思っている青年に，「あなたは年齢のわりに老けた人間で，青年らしくない」とリフレーミングすることがある。つまり，共感的理解にとどまらず，リーダーが状況に応じて意見表明をすることもありうるということである。

④支持（サポート）：支持するとは，味方になるということである。味方になるとは，a.相手の考え方や感情に賛意を表明する，b.相手と行動を共にする，c.対応策や情報を提供する，ということである。すなわち，中立や保留の立場をとらないことである。

⑤シェアリング：ある事柄や体験，見聞をめぐって，関係者が「感じたこと，気づいたこと」を語り合うことをシェアリングという。SGEでは不可欠の要素である。そのねらいは，お互いの「認知の修正と拡大」にある。川端久詩が企画・提唱した，不登校体験者が「自分の不登校体験から感じたこと，気づいたことを語り合う劇」はシェアリングの応用例である。シェアリングは，グループカウンセリングよりも活用領域が広い。すなわち，会議，授業，行事の後の反省会，学会などのラウンドテーブルなどでも使用可能である。

シェアリングはゼミのような知的会話ではない。自己受容・他者受容が前提条件であり，そこには「自己開示と被受容感の雰囲気」がある。ディベートや座談会とは，そこが違う。

結語。カウンセリング的アプローチでは，援助者はカウンセラーとか教師という「役割」を遂行することが主になる。それゆえ，私的なつきあいを回避し，プロフェッショナルであろうとする。ところが，SGEアプローチでは，リーダーは「役割」に縛られずに，「個人としての自分を表明する」ことをためらわない。すなわち，ソーシャルリレーションとパーソナルリレーションの分量の差が少ない。これまでのカウンセリングは前者志向（役割志向）になりがちである。しかし，SGE的アプローチは後者志向（私的感情許容的）であり，バランスを回復するという意味がある。

# 本書の限界と留意点

明里康弘

　保護者と行うエンカウンターは,宿泊ワークショップや児童生徒と行うSGEとは違う。それは,ホンネの量と出し方である。ホンネがあまりに出すぎてしまったら失敗なのだ。

## ふれあう楽しさ8割,ホンネ2割

　SGEのねらいは,ホンネのふれあいをすることである。しかし,教師と保護者が,保護者同士が,ひたすらホンネでぶつかりあったら,すべてうまくいくというものではない。ふれあう楽しさ8割,ホンネ2割と考える。特に最初は,ふれあったら楽しかった,でよい。
　例えば,20歳代の若い教師が40歳代の保護者に対して「しつけがなってない。自分の子どもに責任をもって」などと言えば,「自分の子どもがいない人に何がわかる!」となる。反対に,保護者から「先生,大丈夫? もっとしっかりして。心配!」などと感情をぶつけられた教師は,「エンカウンターも学級経営もやめた!」となりがちだ。
　まずは,お互いに楽しくふれあうことから始めたい。ふれあい,お互いにかかわっていくうちに,相手の気持ちがわかるようになる。そして「子どもを応援し,成長させるためには,お互いにどう協力し合うとよいか」ということが明確になってくる。つまり,ふれあいを中心にSGEをしてきたら,子育てという共通の目的のもとに,お互いのホンネが通じ合ってきた,となる。これが,本書のめざす姿である。

## 一発勝負,フォローなし

　保護者会でのSGEは,まさに一発勝負である。今回のこのエクササイズは,今回限りで勝負しなくてはならない。児童生徒が対象なら,後からフォローするとか,次の日に補足をするなどできるが,保護者にはそれができない。
　教師は,自分自身が体験して「有意義であった」「気づきの多かった」エクササイズを,保護者にもやらせたがる。珍しいエクササイズに挑戦して,保護者を驚かそうと思ったりしがちである。しかし,心的傷害を起こさないために,保護者相手だからこそしなくてはならない配慮がある。一発勝負の保護者会でのエクササイズの選択は,だれにでも簡単にできて,楽しく取り組めるものにするとよい。

# 第2章
# 学級・学年での SGEの活用

# 保護者会でのSGEの進め方

渡辺寿枝

## 保護者の人間関係が学級を支える

　地域の人間関係の希薄化，核家族化，父親の仕事の多忙化，保護者自身のストレスの増加など，悩みを抱えながら子育てに臨む保護者は多い。保護者会へ参加するときも，子どもの学級の様子を知りたいというだけでなく，子育てのヒントを得たいという期待がある。自分だけでなく，同じ悩みをもつ親がいるのだと感じることができると，気持ちは軽くなる。自分自身や子どもについて語り合えると，安心して自分の子どもとかかわることができるようになる。

　またクラスの保護者同士が仲よくなり，お互いに知り合いたいという気持ちが高まると，子ども同士も仲よくなる。私が以前に担任していたクラスで，学年委員の声かけで保護者同士が定期的に「ランチタイム昼食会」を開いていたことがあった。自由に語り合える信頼関係が生まれ，「宿題が少ない」「授業の進度がほかのクラスより遅い」など，担任に対する生産的な要望も話し合われ，あたたかい雰囲気だった。子ども同士でトラブルが生じることがあっても，お互いに解決しようという気持ちをもつことができていた。

　しかし，年4，5回の保護者会だけでは，遠慮なく意見を言い合う関係にはなりにくい。そこで教師が子どもたちとリレーションを深め，自己発見・他者発見をしながらクラス集団をつくっていくように，意識的に保護者と共にクラス集団をつくりたいのである。

## 少しずつ，教師の自己開示から

　保護者同士は，だれと，どこまで，どのようにして，つき合いを広げたり深めたりすればよいのか，とまどいがあり，新しい人間関係づくりには慎重である。そこで第1回目の保護者会では，「子どもたちと同じように，保護者のみなさんもお互いを知り合い仲よくし，このクラスでよかったと言えるような学級をつくりましょう」と，教師の願いを提案したい。

　保護者が自己開示しやすいように，自己紹介はまず教師から始める。「一問一答」（P.28）などで保護者からの質問やインタビューに答えるのもよい。その後，「好きな季節と好きな理由を言ってから，自分の名前を言ってください」などと保護者同士の自己紹介に入る。かかわりの少ない保護者同士が，少しでも関係が深まるように徐々に担任が仕組んでいく。

## 保護者会でのSGEの進め方

　初回の保護者会は，「お互いをよく知り合うために自己紹介をしましょう」「仲よくなるために楽しい活動をしましょう」などと声をかけて始める。まず教師が自己開示のモデルを示し，出身地，好きなこと，大切にしていること，子どものころの思い出などを語ったり，自分が初めてそのエクササイズを体験したときの気持ちを伝えたりする。自分について語るときには教師も緊張することを伝えると，保護者も安心できる。また「タッチであいさつ」（P.34）など，軽く体を動かして緊張をほぐすものも取り組みやすい。エクササイズは次のように進める。

| 1. **インストラクション** |
| --- |
| ・エクササイズのねらい，内容，やり方，留意点等について説明する。<br>・実際に，リーダー（教師）がやってみせて，やり方を理解してもらう。 |
| 2. **エクササイズの実施** |
| ・グループを決める。<br>・選択したエクササイズを実施する。 |
| 3. **介入** |
| ・インストラクションしたとおりに行われないときは，やり方を再確認する。<br>・参加者の人権が傷つけられるような言動があったときは制止し，傷つきをケアする。<br>・知的レベルや一般的な話題になったときは，感じたことを率直に話すように促す。 |
| 4. **シェアリング** |
| ・エクササイズを行ってみて，感じたこと気づいたことを参加者同士で共有し合う。 |

## 進行のコツ

①「参加しやすい雰囲気づくりのために，保護者会の初めに簡単な活動をします」とか，「次回は，最近のお子さんの様子で気になることをお話していただきます」といった予告を，保護者会の案内状に入れておくと参加しやすい。
②最初の保護者会では，リレーションづくりのためにゲーム的要素の強いエクササイズや，軽く体を動かしたりするものをショートエクササイズとして行い，回を重ねるごとに，懇談会のテーマに合致したテーマスピーチなどを行う。
③保護者が，懇談会に何を期待しているのか，アンケートなどでニーズを探りながら，エクササイズを選択していくとよい。
④自己開示を通して，自己発見・他者理解が促進されていく。そのためにはシェアリングをていねいに行いたい。
⑤参加を強要せず，無理なく参加してほしいことを伝える。

# 初めての保護者会を乗り越える

原田友毛子

■基本のコツ
マイベストをつくす。

## 保護者にとっても気が重い保護者会

学級開きからしばらく経った。子どもたちとの毎日に手応えを感じ，たくさんの仕事にも充実した気持ちで取り組んでいる。しかし，初めての授業参観・保護者会は気が重い。特に新任教師であれば，実習での経験はないし，どうしたものかと悩んでしまうことも多いのではないだろうか。

かつて私は，先輩教師から「ともかく，学級経営の方針を話して，クラスの現状をしっかりと伝え，家庭として努力してもらわなければならないことをきっちり話すことです。初めが肝心です」とか，「端から1人ずつ子どもについて話してもらえば，時間はすぐ経ちますよ」などと教えてもらったことがある。

しかし，新任教師が保護者を前に「こうあるべき」と家庭での努力点や改善点を述べるのは無理がある。ベテランだって，語り方によっては保護者の反発を招きかねない。

また，端から1人ずつ語るというやり方も，「それがいやだから，授業参観したら，保護者会は失礼しているのよ。知らない人の視線を浴びながら話すのは，いたたまれなかったわ」という声も聞く。きっと話すだけの一方通行で，『教師や他の保護者に自分の話を受け止めてもらえてよかった』という体験にはならなかったのだろうと想像する。これでは残念である。

## 「マイベストをつくす」姿勢

学年始めの保護者会の柱は，学級経営方針を伝えることである。伝える姿勢やその内容を通して，保護者からの信頼を得ることがねらいである。この先生なら話を聞いてもらえそうだと思ってもらえるようにしたい。

そこで，構成的グループエンカウンター（SGE）を取り入れながら保護者会を進める方法を紹介する。

まずは，参加者全員との握手から開始する（やり方は次ページ）。最初は勇気が必要だが，握手一つで雰囲気が一気に和らぐことが期待できる。そして，教師と保護者との距離を近づけたいという願いが伝わる。

着席した後は学級経営方針を話す。「教職の経験は浅いですが，子どもたちのためにマイベストをつくしていきたいと思います」「クラスのめあてを決めるとき，こんな出来事がありました」というように，熱意（感情）と具体的エピソード（事実）を交えながら，こういうクラスづくりをしていきたいという考え（思考）を伝えたい。その内容はお知らせなどにも載せ，欠席した保護者にももれなく伝わるように翌日子どもに渡す。

またお互いを知り合うことのできるエクササイズを実施し，保護者から，熱心な先生・前向きな先生・明るい先生などの印象をもってもらえるとよい。

初めての保護者会を乗り越える

### こうする1　心の距離を近づける握手

「はじめまして，このたび○組の担任になりました□□です。初めての保護者会で緊張しています。私は教師になることが夢でした。いまこうして皆さんに出会えたことに感謝しています。握手は世界共通語ですし，心の距離を近づけるものだと思います。そこで全員で自己紹介しながら握手したいと思います。やり方はこうです」と説明し，昨年度役員さんだった方などに一声かけて，実際に手本を示すのを手伝ってもらう。相手の目を見て，にっこり微笑んで握手をする。

座席はいすだけの1重円にし，保護者が胸につけられる名札を用意する。お互いの名前を覚えることにより，教師とだけでなく，保護者同士も関係が生まれる。

### こうする2　感想をみんなのものに

授業参観した保護者は，「感じたこと・気づいたこと」がたくさんある。それはわが子のことであったり，教科の内容のことであったり，指導に関するものだったりする。子どもたちが帰りの会をしている最中に廊下で座談会が始まっている場合もあるが，それをぜひみんなのものとしたい。建前ではない本音の中に，よりよい改善策がある場合が多いからである。

バースデーラインなどのエクササイズで並び替え，隣の人と2人組になって「今日の参観で気づいたこと・感じたこと」を2分ずつ語ってもらう。ペアの相手は口をはさまないで，ひたすら傾聴する。

教師はそれぞれの話を聞いて回り，全体にも広めたい話題を見つけるとよい。

第2章　学級・学年でのSGEの活用

# 一問一答
―担任教師の自己紹介―

原田友毛子

■ねらい
保護者に「この先生は話しやすそうだ」という印象をもってもらう。自己開示によって教師の人間性にふれることができると，保護者に安心感が生まれ，リレーションがつくられる。

■こんなときにおすすめ
最初の保護者会の緊張感を和らげる。

**種類**　他者理解

**時間**　10分

**集団**　初期

■準備
・質問例の掲示物

■進め方
・2人組になる。
・教師に聞いてみたいことをペアで相談する。
・ペアごとに1問ずつ教師へ質問する。教師はそれに簡潔に1問ずつ答える。
・感想を言い合う。

■保護者の反応や感想
・先生も私たちと同じように子育てや家事にがんばっているのだなとわかって安心しました。
・先生の個人的なことをお伺いしては失礼だと思っていましたが，先生の方から語ってくださったので，うれしいと思いました。
・先生と親しくなれたように感じました。これからも，子どものことを，いろいろ相談させてください。

## ■展開例　一問一答

| 場面 | リーダーの指示（●）とメンバーの反応・行動（☆） | 留意点 |
|---|---|---|
| インストラクション | **1. ねらいを説明する**<br>●はじめまして，私がこの○年○組を担任する□□です。きっと皆さん「こんどの先生はどんな人なのだろう」と思っていらっしゃるのではないでしょうか。自己紹介もよいのですが，今日は私への「一問一答」という形で，皆さんからの質問に答えたいと思います。<br>**2. デモンストレーションをする**<br>●おふたりで私への質問を考えてください。私は1つの質問にその答えという形で，聞かれたことにだけどんどん答えます。テンポよくいきましょう。私のほうから右回りに，次々と質問してください。<br>●例として，いちばん聞きにくいことを一人二役でやってみますね。<br>「先生はおいくつですか」<br>「はい，昭和○○年代の最後です」<br>●こんなこと聞いては失礼ではないかと心配しないでください。答えられないものはちゃんとパスしますからね。<br>●何か質問はありますか。もし聞こうとしていたことがさきに出てしまったら，違う内容にしたり，前の質問をさらに突っ込んだ形にするなど臨機応変になさってください。 | ●全員で握手をし，最後に握手した人とペアになって着席する。<br><br>●黒板に質問例を掲示する。<br>【質問例】<br>・好きなものシリーズ<br>・好きなことシリーズ<br>・家族シリーズ<br>・身の上シリーズ<br>・日常生活シリーズ<br>・したいことシリーズ<br>・苦手なものシリーズ<br>・苦手なことシリーズ<br>・もしもシリーズ |
| エクササイズ | **3. 課題を行う**<br>●おふたりで30秒で質問を考えてください。<br>●順番に質問をしてください。スタート。<br>☆先生はいま何人家族ですか。→○人です。<br>☆お子さんはいますか。→います。<br>☆ご主人の仕事はなんですか。→△△です。<br>☆家事は分担制ですか。→はい，そうです。<br>☆お住まいはどこですか。→○○市の△△です。<br>☆休日は何をしていますか。→片づけものやテレビを見たりしています。<br>☆もしも先生でなかったら何をしていたと思いますか。→他の職業は考えたことがありませんでした。<br>☆先生になろうと思ったのはいつですか。→小学校5年生です。<br>☆それはなぜですか。→担任の先生の影響です。 | ●2巡目はペアのもう一人の人が質問をする。<br>●前のペアの質問を受けて，芋づる式に質問が出てくることが多い。 |
| シェアリング | **4. 感じたこと気づいたことを語り合う**<br>●一問一答をやってみて，感じたこと・気づいたことをペアで話してみてください。<br>　☆先生のプライベートを聞かせてもらってうれしかったです。<br>　●私もみなさんが関心をもってくださるなと感じてうれしいです。<br>　☆うちの子をどう思っているか，つっこんで聞きたかったです。<br>　●このあと，そうした時間をとるので，ぜひお残りください。 | ●質問の続きではなく，先生との一問一答をやってみて，どんなことを感じたのかを2人組で語り合う。自然に4人組などになる場合もある。 |

出典：「はじめましての一問一答」『エンカウンターで進路指導が変わる』

# さいの目語り
―担任教師と保護者同士の自己紹介―

原田友毛子

■ねらい
初めての保護者会では，教師も保護者も緊張して不安さえ覚えている。この不安は，相手がどのような人かわからないところからきている。教師の率直な自己開示にふれることにより，安心と信頼感が生まれる。

■こんなときにおすすめ
初めての保護者会で，教師が自己紹介をする場面で。

**種類** 他者理解
**時間** 20分
**集団** 初期

■準備
・台紙用の厚紙とサイコロ（グループに1セット）
・トピックを書いた掲示物

■進め方
・自己紹介の仕方の例として，初めに教師がすべてのトピックについて自分のことを語る。
・4人組になり，保護者も1人ずつ順番にサイコロを振って，出た目のトピックについて語る。
・感想を語り合う。

■保護者の反応や感想
・先生のふるさとが私の出身地の隣町だったので，同郷で親しみがわきました。
・先生が率直に自分自身のことを話してくださるので，構えがなくなりました。子どものことを相談したら，聞いてもらえるのではないかと思いました。
・転居したばかりで心細かったのですが，クラスのお母さん方といろいろ話しているうちに打ち解けてきて，とても安心しました。

## ■展開例　さいの目語り

| 場面 | リーダーの指示（●）とメンバーの反応・行動（☆） | 留意点 |
|---|---|---|
| インストラクション | **1. ねらいを説明する**<br>●はじめまして，私がこのクラスの担任の○○です。皆さんにご縁があったことを感謝しています。今日は皆さん方も私も，お互いに知り合うための演習を行いたいと思います。<br>●「さいの目語り」といって，ねらいは『さいの目（サイコロ）のトピックを語り合うことで他者理解をする』です。お互いのパーソナルな側面を知り合って親しくなれるといいですね。<br>●ただし，語れる範囲のことでいいですし，話題が見つからない場合はパスもOKとします。1人が語っている間，ほかの人はひたすら傾聴します。4人組をつくってください。<br>**2. デモンストレーションをする**<br>●まず私が見本として，それぞれのトピックについて語りますね。<br>①出身地は○○市で，自慢は赤城山が常に見えることです。<br>②家族は，3人暮らしですが，3人とも同じ職業です。<br>③最近読んだ本は「告白」ですが，途中で止められない本です。<br>④いま一番したいことは早く五十肩を治して和服を着ることです。<br>⑤いま一番関心があることは総合の授業の組立てです。<br>⑥最近がっかりしたことは，地域体験の下見をしたのに，道を間違えてしまったことです。方向感覚がきわめて悪い自分です。 | 【トピック例】<br>①出身地と自慢を1つ<br>②家族と共通点を1つ<br>③最近読んだ本と一言感想<br>④いま一番したいこと<br>⑤いま一番関心があること<br>⑥最近がっかりしたこと<br><br>●1から6までのトピックを黒板に掲示する。<br>●グループに厚紙とサイコロを配る。厚紙は台紙に使う。 |
| エクササイズ | **3. 課題を行う**<br>●4人組で膝を突き合わせるように座ってください。順番にサイコロを振って，出た目のトピックを語ってください。<br>☆2を出した人は「家は4人家族ですが，4人ともライオンズのファンです」と語った。次の4を出した人は「いま一番したいことはダイエットです。夏休みに海水浴に行くので，それまでに何とかしたいです」と語った。次の人は5で「いま一番関心があることは，上の子どもの受験です」と言っていた。みんなは熱心に聴いていた。 | ●2巡目に同じ目が出た場合は，もう1回振ってもよいことにする。<br>●話すのに詰まっている人がいたら，パスしてよいと耳打ちする。 |
| シェアリング | **4. 感じたこと気づいたことを語り合う**<br>●「さいの目語り」をやってみて，感じたこと，気づいたことは何ですか。4分間で語り合いましょう。順番ではありませんが，時間配分を考えながら話せるといいですね。<br>☆先生が方向音痴と聞いて，私と同じなので親しみがわきました。<br>●私も親しみがわいてきました。<br>☆一番したいことは何かなんて考えたこともなく，忙しく日常を送っていました。今日は新鮮な気持ちになれました。<br>●私もそんな気持ちを大切にしたいと思っています。 | ●さきほどの続きではなく「さいの目語り」をやってみて感じた感情を共有する。 |

出典：「サイコロトーキング」『エンカウンターで学級が変わる・小学校編1』『構成的グループエンカウンター事典』

第2章　学級・学年でのSGEの活用

# わが子紹介
― 保護者の自己紹介 ―

■ねらい
初めて顔を合わせる保護者同士が，お互いに顔と名前を覚え合い，話しやすくなるような雰囲気をつくる。

■こんなときにおすすめ
初対面の人が多いうえに，PTAの役員決めが控えていて緊張気味な1回目の保護者会で。

渡辺寿枝

**種類**
他者理解

**時間**
20分

**集団**
初期

────の好きな
────の親の────です　と順に自己紹介する

■準備
・首からかけるひも付きの名札
　（子どもに自分の保護者のものを作ってもらう）

■進め方
・全員で輪をつくって着席する。
・名札を下げる。
・1人ずつ順番に「……の好きな（得意な）……の親の……です」と自己紹介する。
・感想を話し合う。

■保護者の反応や感想
・子どもが作った名札を微笑ましそうに見ていた。最初は硬い感じで座っていた保護者が，だんだん笑顔になっていった。
・下の名前で自己紹介をしたのは初めてで，なんだか恥ずかしい気持ちでした。
・急に言われても，自分の子どものよさが思いつかなくて，自分の番がくるまで焦っていました。
・名簿で名前しか知らなかった，よそのお子さんのことを知ることができてよかったです。

## ■展開例　わが子紹介

| 場面 | リーダーの指示（●）とメンバーの反応・行動（☆） | 留意点 |
|---|---|---|
| インストラクション | 1. ねらいを説明する<br>●子どもたちが書いた名札をつけてもらいましたが，私は皆さんの中に，まだお名前とお顔が自信をもって一致しない方がいて緊張しています。1年間を一緒にすごす皆さんと早く親しくなれるよう，はじめに自己紹介をしたいと思います。<br>●自己紹介は，「こんなお子さんのお母さん（お父さん）なんだな」と，みなさんがイメージできるようにお願いします。お名前だけでなく，それぞれのお子さんのよさも伝え合ってもらいたいと思います。<br>2.　デモンストレーションをする<br>●はじめに私がやってみますね。「野球が大好きで，いつも私を気遣ってくれる，心の優しい渡辺雄太の母，としえです」。<br>●こんなふうに，ご自分の名前のほかにお子さんのよいところ，得意なところ，知ってほしいところをつけ加えてほしいのです。<br>●ポイントは，遠慮せずに，わが子のよさを語ることです。ちなみに，いま紹介したのは，私の下の息子のことです。「身内のことを人に話すものではない」と母親に言われて育ちましたので，自分の子どもについて話すのは照れくさいですが，皆さんもパスはなしで，ぜひ一言，よいところをお願いします。<br>●全員が自己紹介したら終わりになります。質問はありますか。 | ●用意しておいた名札を首にかけてもらう。<br>●クラス全員が1つの輪になっていすに座る。<br><br><br>●教師も自分のことについて語り，自己開示を促進する。 |
| エクササイズ | 3. 課題を行う<br>●最初は，どなたから始めますか？　ご希望は？　なければ，私の右隣から時計回りにいきましょう。<br>☆アイドル大好きで，モーニング娘。の曲と振り付けならすべて暗記している加藤ほのかの母，聖子です。<br>●すごいですね。ぜひ今度披露してもらおうと思います。<br>☆困ったな。うちの子は，特別な取り柄がなくて……<br>●そういわれるとさびしいですねー。ちょっとしたことでいいんですよ。気楽にいきましょう。 | ●自然な形で口火を切る人が出ると望ましい。 |
| シェアリング | 4. 感じたこと気づいたことを語り合う<br>●自己紹介をしてみて，感じたこと，気づいたことを近くの人と語り合いましょう。<br>●どんな感想が出たか，皆さんにも紹介してください。<br>☆子どものことを言う自己紹介なので気持ちが楽になりました。<br>●お子さんの意外な一面を知ることができて私もうれしいです。<br>☆子どもの長所がすぐ浮かばないので，恥ずかしく感じました。<br>●恥ずかしいと感じるほどお子さんを大事に思っていらっしゃるんだなと感じました。 | ●3，4人のグループで，3分間語り合う。<br><br><br>●教師もその場その場で感じたことを素直に語る。 |

第2章 学級・学年でのSGEの活用

# タッチであいさつ

中島智美

■ねらい
いつもとちょっと違ったあいさつを多くの人とすることで緊張をほぐし，知り合い同士で固まってしまうことが多い保護者に，初対面の人とも話しやすい雰囲気をつくる。

■こんなときにおすすめ
年度始めの保護者会や学年全体の保護者会でのリレーションづくりに。

**種類** 他者理解

**時間** 10分

**集団** 初期

ひじタッチ

肩タッチ

おしりタッチ

■準備
・特になし

■進め方
・自由に歩き回り，出会った人と，人差し指の先と先を合わせて「タッチ」と声を合わせて言う。その後，互いに自己紹介をする。
・「ひじタッチ」「肩タッチ」「おしりタッチ」などとバリエーションをつけて繰り返す。
・感想を語り合う。

■保護者の反応や感想
・ふだんあまり会うことのないお母様方と，オープンに話し合う雰囲気ができて楽しかったです。
・体を動かすと緊張が解けました。楽しかったです。
・「おしりタッチ」はちょっと遠慮してしまいました。

## ■展開例　タッチであいさつ

| 場面 | リーダーの指示（●）とメンバーの反応・行動（☆） | 留意点 |
|---|---|---|
| インストラクション | **1. ねらいを説明する**<br>●今日はちょっと変わったあいさつで保護者会を始めます。「タッチであいさつ」です。たくさんの方とあいさつをして，楽しい気持ちになっていただきたいと思います。<br>**2. デモンストレーションをする**<br>●どなたかお1人お立ちください。人差し指を出して，私と一緒にやってみてください。「タッチ」「3組の中島です。よろしくお願いします」「1組の斉藤です。よろしくお願いします」<br>●このようにやり方は簡単です。あいさつしたい人を見つけ，人差し指の先と先を合わせて「タッチ」と声をそろえて言います。そのあと「○組の○○です。よろしくお願いします」と，互いにあいさつをします。<br>●時間は2分です。終わりの合図はこちらで出します。より多くの人とあいさつを交わせるように相手を探してください。<br>●以前にこのエクササイズが苦手なお子さんがいました。体の一部がふれあうので，苦手な方はあらかじめ申し出てください。 | ●いすを円形に並べて座る。<br><br>●相手の顔をしっかり見て，元気よくあいさつする。<br><br>●集まった人数に応じて「全員とあいさつを交わしてください」「10人とあいさつを交わしてください」等と条件を出してもよい。 |
| エクササイズ | **3. 課題を行う**<br>●それでは「指先タッチ」を始めましょう。<br>●気持ちがほぐれてきましたね。今度は「ひじタッチ」です。なるべくまだあいさつしていない人を探して，あいさつしましょう。<br>　☆自分から相手を探すことができない。<br>　●教師からその人のところへ行き，声をかける。<br>　☆「タッチ」の声を忘れる。<br>　●声をそろえるのはちょっと照れますね。相手と気持ちを合わせることになりますから，勇気を出して，はい，「タッチ！」。<br>●最後にあいさつをした方とペアになって座ってください。 | ●全体がスムーズに動いているか観察する。<br>●場のほぐれ具合と時間との兼ね合いをみて，「指先タッチ」から「ひじタッチ」「肩タッチ」と変えて繰り返し行うのもよい。<br>●異性がいるときは，身体接触の程度に配慮する。 |
| シェアリング | **4. 感じたことや気づいたことを語り合う**<br>●多くの方と「タッチであいさつ」をして，感じたこと，気づいたことをペアで話してください。<br>●2人で話したことで，全体に伝えたいことがあればどうぞ。<br>　☆「おしりタッチ」はちょっと遠慮してしまいましたが，体を動かすのは楽しかったです。<br>　●童心に返れたようですね。<br>　☆オープンに話せる雰囲気ができて楽しかったです。<br>　●楽しそうな声が聞こえていました。これからの話も弾みそうですね。 | ●参加者の表情や場の雰囲気の変化など，教師が見ていて感じたことを全体にフィードバックするのもよい。 |

出典：「いろいろ握手」「アウチでよろしく！」『エンカウンターで学級が変わる・ショートエクササイズ集1』

## じゃんけん手の甲たたき 心と心の握手
—保護者も参加する授業で—

仲手川勉

**■ねらい**
親同士や親子・子ども同士でじゃんけんや握手をすることにより，楽しくふれ合いながら，二者間の心理的距離を縮める。

**■こんなときにおすすめ**
「学校へ行こう週間」や「1日フリー参観」等での保護者参加型の授業として，親子一緒に。

| 種類 | 他者理解 |
|---|---|
| 時間 | 15分 |
| 集団 | 初期 |

### 1. じゃんけん手の甲たたき
勝った方が手の甲をたたく
最後に互いの手をさすり合う

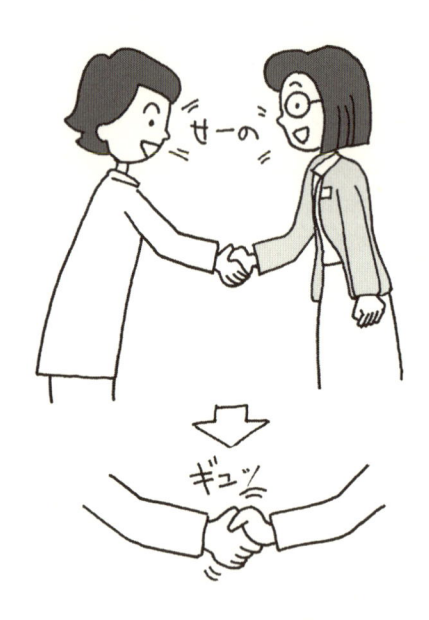

### 2. 心と心の握手
ギュッギュッと手を握る回数が同じになるようにする

**■準備**
・特になし

**■進め方**
・近くの人と2人組になり「じゃんけん手の甲たたき」をする。最後に「痛かったでしょう」と互いの手をさすり合う。
・ペアを変えて3～5回行う。
・2人組になり「心と心の握手」をする。
・ペアを変えて3～5回行う。
・感想を話し合う。

**■保護者の反応や感想**
・ただの「じゃんけん」でこんなに笑えるなんて自分でもびっくりしました。
・「じゃんけん」がこんなに楽しいとは思わなかったです。
・負け続けて悔しかったけど，相手が優しくたたいてくれたことがうれしかったです。
・思いっきりたたいてストレス発散になりました。
・勝ち続けると何だか悪い気がしてきました。
・最後に手の甲をさすり合うのがよかったです。

学級・学年で行うエクササイズ

## ■展開例　じゃんけん手の甲たたき・心と心の握手

| 場面 | リーダーの指示（●）とメンバーの反応・行動（☆） | 留意点 |
|---|---|---|
| インストラクション | 1. ねらいを説明する<br>●この時間は，参観に来られたおうちの方と一緒に「じゃんけんゲーム」や「握手ゲーム」をします。みんなで楽しい時間が過ごせるといいなと思います。<br>●ねらいは「いろいろな人とふれ合う」，そして「そのとき，どんな気持ちがしたかを自分自身で感じること」です。<br>●近くの人と2人組になってください。<br>2. デモンストレーションをする<br>●初めに先生とじゃんけんゲームをします。最初はグー，じゃんけんぽん。勝った人に拍手をしましょう。 | ●初めに教師（担任）といっせいにじゃんけんすることにより，緊張をほぐし，やわらかな雰囲気づくりをする。<br>●「負けじゃんけん」「あいこじゃんけん」「後出しじゃんけん」でも可。 |
| エクササイズ | 3. じゃんけん手の甲たたきをする<br>●右手で握手して，左手で「最初はグー，じゃんけんぽん」をします。勝ったら左手で相手の手の甲をたたきます。負けた人はよけてはいけません。1分間です。よーい，始め。<br>●はーい，終わりです。右手の握手はそのままでいてください。いまの2人組で，「痛かったでしょう」と，左手で相手の右手をさすり合ってください。<br>●今度は近くの別の人と2人組になってください。1分間です。よーい，始め（ペアを変えてくり返す）。<br>4. 心と心の握手をする<br>●次は「心と心の握手」です。まず，右手で握手をします。<br>●心の中で「1か2か3」を決めてください。1はギュッ，2はギュッ，ギュッ，3はギュッ，ギュッ，ギュッ，と右手を握ってください。<br>●1分間で何回相手と合ったか数えておいてください。「せーの」で始めましょう。よーい，始め。<br>●はーい，終わりです。何回合いましたか。<br>●今度は近くの別の人と2人組になってください。<br>●今夜も1分間です。よーい，始め（ペアを変えてくり返す）。 | ●初めは近くの保護者同士，子ども同士（男女別）で行い，しだいに親子，男女でできるようにする。<br>●お互いの右手をさすり合うのがポイントなので時間をとりたい。<br>●手の甲たたきのシェアリングを設定してもよい。<br>●手の甲たたきの最後の2人組から始める。<br>●できれば相手の目を見て，相手の数を予想させてから行わせたい。<br>●手をにぎるのに抵抗があるときは見学席を設定する。冬季に戸外で手袋をしてやる方法もある。 |
| シェアリング | 5. 感じたこと気づいたことを語り合う<br>●感じたこと，気づいたことを最後の2人組で話してください。時間は3分です。<br>●2人で話したことで全体に伝えたいことがあればどうぞ。<br>　☆「じゃんけん」でこんなに笑えるなんて自分でもびっくりしました。<br>　●童心に返って，楽しんでいらっしゃるのを見て，私も久しぶりに笑えました。<br>　☆勝ち続けるとなんだか悪い気がしてきました。<br>　●すまなさそうに，手の甲をたたいていらっしゃる様子を見ていて，優しい方だなと思いました。こんなときでも，相手に気を遣われるのですね。 | ●何人かの保護者，子どもから発表してもらい，ネガティブな意見も取り上げ，いろいろな心を大切にしたい。 |

出典：「ジャンケン手の甲たたき」『エンカウンターで学級が変わる・ショートエクササイズ集1』，「心と心の握手」『エンカウンターで学級が変わる・ショートエクササイズ集2』

# バースデーライン

渡辺寿枝

■ねらい
非言語でのコミュニケーションを通して緊張をほぐし，リレーションを深める。

■こんなときにおすすめ
知り合い同士で固まりがちな初めての保護者会で，違った人と知り合うことができる。ランダムなグループづくりにも。

**種類**
自己理解
他者理解

**時間**
15分

**集団**
初期

（吹き出し）言葉を使わないで誕生日順に輪になりましょう

■準備
・タイマー

■進め方
・言葉を使わないで，指やうなずきなどで誕生日を伝え合い，1月1日から12月31日までの順に並び直して，全員で1つの円をつくる。
・誕生日順に並び変わることができたか確認する。
・感想を語り合う。

■保護者の反応や感想
・最初は緊張した雰囲気もあったが，笑顔が見られ，徐々にうちとけた感じがしてきた。
・○○さんが，「合っています」という合図で，OKサインを出してくださったのでとてもうれしかったです。
・普段は，言葉を使わないでコミュニケーションをする経験がないので，とても新鮮な体験でした。
・うまくジェスチャーができなくて間違えてしまいました。

学級・学年で行うエクササイズ

## ■展開例　バースデーライン

| 場面 | リーダーの指示（●）とメンバーの反応・行動（☆） | 留意点 |
|---|---|---|
| インストラクション | 1. ねらいを説明する<br>●できるだけ早く，気楽にお話できる雰囲気をつくりたいと思います。そこで，仲よくなるために簡単な活動をしたいと思います。<br>2. デモンストレーションをする<br>●どのようにやるのか説明します。皆さんで一重の輪をつくって誕生日順に並んでください。<br>●身振り手振りで，1月から12月まで誕生日順に並んで円をつくってください。言葉は使ってはいけませんよ。<br>●私の誕生日は7月6日ですので，例えば，このように示します（指で7と6を示す）。<br>●質問はありますか？<br>●ポイントは，子ども心に返って，周りの人とふれあうことです。初めて私がこのゲームをしたとき，まばたきで誕生日を伝えてくださった方がいて，目を見ながら笑ってしまったことがあります。楽しく気楽にいきましょう。 | ●教師も含めて全員で簡単な自己紹介をしてから始めると，緊張が緩む。<br><br>●教師の誕生日を伝えて行うと場が和む。<br><br>●教師もいまの自分の気持ちについて語り，保護者の緊張をほぐし参加しやすいようにする。 |
| エクササイズ | 3. 課題を行う<br>●では，始めます。1月1日から12月31日まで，一重の輪をつくりますよ。私が立っているところが7月，ここより右側が6月です。<br>　☆自分からなかなか動けない。<br>　●不安ですか。子ども心を出すってけっこうしんどいですね。間違っても大丈夫。後で並び直せばいいんですよ。<br>　☆積極的にみんなへ合図を送っている。<br>　●大きくうなずいたり，OKサインを出したり，とてもいいですね。<br>●並べたようですので，声に出して確認しましょう。では，1月からお願いします（1月から順に誕生日を言う。間違った場合には，その都度正しい位置に移動する）。 | ●声を出している保護者には，話したくなる気持ちに共感しながら，ルールの再確認をする。 |
| シェアリング | 4. 感じたこと気づいたことを語り合う<br>●近くの人と4人組をつくって座ってください。<br>●みなさんの一生懸命な様子を見ていて私も緊張がふっとびました。<br>●「バースデーライン」をして，感じたこと，気づいたことを語り合ってください。<br>　☆○○さんが「合っています」とOKサインを出してくださったのでとてもうれしかったです。<br>　●Vサインを出して喜び合っていましたね。私までうれしくなりましたよ。<br>　☆うまくジェスチャーができなくて間違えてしまいました。<br>　●言葉が使えないと不自由ですし間違えると恥ずかしい気持ちになりますよね。少しでも楽しいと思ってくださればうれしいです。 | ●同じ誕生月でグループをつくり，次のエクササイズを行うこともできる。 |

出典：「誕生日チェーン」『エンカウンターで学級が変わる・ショートエクササイズ集1』『構成的グループエンカウンター事典』

# 肩もみエンカウンター
―保護者会に参加するまでのこと―

渡辺寿枝

■ねらい
軽いスキンシップをしながら自己開示をすることで，緊張をほぐし，リレーションを促進する。

■こんなときにおすすめ
保護者会の最初でも最後でも。座って長時間話を聞いた後に実施すると，疲れほぐし，癒しになり，リレーションが促進される。

**種類**
自己理解
他者理解

**時間**
15分

**集団**
初期

(イラスト内のセリフ)
- 下の子を実家に預けてきたんだけどぐずられて…
- うちもですよ たいへんですよね
- わぁ こってますね 強すぎないですか？
- あー いやされるわー

■準備
・いす（参加人数分）

■進め方
・2人組をつくる。
・片方の人が，いすに腰かける。
・もう片方の人は，相手の肩をもみながら「今日ここに着くまでのこと」を自由に3分間語る。
・肩もみをされている人は黙って相手の話を聞く。
・役割を交代して行う。
・感想を話し合う。

■保護者の反応や感想
・初めは緊張しましたが，徐々にうちとけた感じがして，笑い声が出るほどでした。
・肩をもんでもらうことはほとんどないので，なんだか硬くなってしまいました。
・私の相手の○○さんは，肩もみがとてもお上手で，とても癒されました。
・私たちの組は，すっかり2人で会話が盛り上がってしまいました。

## ■展開例　肩もみエンカウンター

| 場面 | リーダーの指示（●）とメンバーの反応・行動（☆） | 留意点 |
|---|---|---|
| インストラクション | 1. ねらいを説明する<br>●今日は，「仲よくなろうパート2」ということで，「肩もみエンカウンター」を初めにしたいと思います。エンカウンターとは，本音と本音を交流するという意味です。ねらいは「お互いの緊張をほぐしながら，自分のことを伝える・相手を理解する・お互いを知り合う」です。<br>●肩を触るなど軽い身体接触がありますので，参加できない人はどうぞ遠慮なくおっしゃってください。<br>2. デモンストレーションをする<br>●どのようにやるのか，始めにやってみます。どなたか私の相手になってくださる方はいませんか？<br>●（肩をもみながら）「今日は懇談会が2時から始まるので，子どもたちを早く帰さなければいけないので，帰りの準備が遅い子どもたちを3回もガミガミと叱ってしまいました。早く支度ができている子をほめればよかったのに……といま，落ち込んでいます」<br>●このように相手の肩をもみながら，『保護者会に参加するまでのこと』を話せる範囲で語ります。肩をもまれる人が，気持ちよく黙って聞いてくれるわけです。3分したら交代し，2人とも自己紹介したら終わりです。質問はありますか。 | ●保護者会ごとに「仲よくなろうパート1,2,3」と集団づくりを促進するエクササイズを入れた想定になっている。<br><br>●教師も自分のことについて語り，保護者の自己開示を促進する。 |
| エクササイズ | 3. 課題を行う<br>●まだあまりお話したことがないなあと思う方を探して2人組をつくってください。そして先に肩もみする方を決めてください。<br>●時間は，3分間です。どうぞ始めてください<br>●はーい，時間です。いま話していることをまとめてください。<br>●では，役割を交代してください。<br>●気持ちのよかった方，挙手してください。よかったですね。ふだんから忙しくお疲れなんですね～。 | ●肩もみが苦手な人には見学してもらう。 |
| シェアリング | 4. 感じたこと気づいたことを語り合う<br>●肩もみエンカウンターをして感じたことや気づいたことを2人で語り合ってください。時間は3分です。<br>●どんな感想が出たか，皆さんにも紹介してください。<br>　☆私たちの組は，すっかり2人で会話になってしまいました。<br>　●2人でニコニコして楽しそうで，うらやましいなと見ていました。<br>　☆肩もみの経験がないので，なんだか硬くなってしまいました。自分は，こういうのが苦手なんだなと思いました。それを○○さんに伝えたら，○○さんもやはり初めてで，その話で盛り上がりました。<br>　●私が初めて経験したときは，最初はコチコチでしたが，終わった後で肩がすっといい気持ちになっていました。 | ●3組程度，感想をみんなに伝えてもらう。<br><br>●テーマやペアを変えれば，次回からも何度でも実施できる。 |

出典：「肩もみエンカウンター」『エンカウンターで学級が変わる・ショートエクササイズ集1』『構成的グループエンカウンター事典』

## 親子でカードトーキング
―保護者も参加する授業で―

原田友毛子

■ねらい
子どもたちは成長するにつれ，家庭ではあまり自分の気持ちを語らなくなる。公開授業を活用して，親子で「自分の気持ちを語る」「相手の気持ちに気づく」活動を行い，自他理解を深め，絆を強める。

■こんなときにおすすめ
公開授業が数時間にわたる場合などに，保護者参加型の授業として，親子一緒に。

**種類**
自己理解
他者理解

**時間**
30分

**集団**
初期

1人ずつ順番にめくったカードの話題について話す

■準備
・話題カード（12枚程度×グループ数）

■進め方
・子どもと保護者が混合で4～5人組になり，カードを囲んで着席する。
・1人ずつ順番に，上から1枚カードをめくって，書いてあるトピックについて語る。終わったらカードは一番下に差し込む。次々と同様に行う。
・感想を話し合う。

■保護者の反応や感想
・うちの子が犬を飼いたいと言って驚きました。これまで1度もそんなことを言ってなかったのに。マンションだからとあきらめていたのでしょう。うちの子にはそういう面がある。本音に気づいてやれなくてかわいそうでした。
・「将来何をしたいですか」というカードに，しばらく考えた後「定年退職したら，各地をスケッチ旅行して回りたい」と神妙な顔で答えた父親を，息子が真剣な表情で見つめていた。

学級・学年で行うエクササイズ

■**展開例　親子でカードトーキング**

| 場面 | リーダーの指示（●）とメンバーの反応・行動（☆） | 留意点 |
|---|---|---|
| インストラクション | 1. ねらいを説明する<br>●今日はおうちの方にたくさん参観に来ていただきました。そこで、ふだん家ではなかなか面と向かって話さないような「自分の気持ち」を語り合いたいと考えています。"親"とか"子ども"といった立場や役割ではなく、本当の気持ちを見つめて語れたらいいなと思います。<br>●ねらいは「自分の気持ちを語る・相手の気持ちに気づく」です。<br>●では、グループをつくります。おうちの人と同じグループは照れくさくていやだなと思う人もいるかもしれません。でも今日は授業なので、ここはひとつやってみましょう。できるだけ、自分のおうちの方を含めて5人組になってください。<br>2. デモンストレーションをする<br>●順番にカードを1枚引いて、そのトピックについて語っていきます。どうしても語れない内容だったらパスしましょう。<br>●まず先生がやってみますね。<br>『いまいちばん欲しいもの』、それは時間です。いろいろな国の学校を回って、その国の先生方や子どもたちと仲よくなりたいです。<br>●1巡して時間があったら、2巡目に入ります。質問はありますか。 | 【トピックの例】<br>・いま一番したいこと<br>・将来したいこと<br>・いまいちばん欲しいもの<br>・いまいちばん心配なこと<br>　など<br><br>●保護者を子どもの横につかせ、教師の指示でグループをつくる。<br><br>●各グループにカードを配る。<br>●教師が自己開示する。 |
| エクササイズ | 3. 課題を行う<br>●それでは始めましょう。時間は15分間です。<br>☆子どもがつまらなそうにしている。<br>●つまらないということを、言ってもいいんですよ。<br>☆保護者がとまどって話せない。<br>●真面目さゆえの反応だと考えます。それでいいんですよ。お母さん自身のことを遠慮なく言ってください。 | ●教師は各グループをまんべんなく回り、耳を傾ける。<br>●のれないことを批判せず、肯定的に伝える。 |
| シェアリング | 4. 感じたこと気づいたことを語り合う<br>●感じたことや気づいたことをグループで語り合いましょう。時間は5分間です。<br>☆子どもと会話することを心がけてきましたが、本音ってこういう場でもないと、なかなかわかりませんね。<br>●今日わかってよかったですね。<br>☆うちの子はとうとう私のグループに来ませんでした。一緒にやりたかったわ。<br>●そのお気持ちをさりげなく伝えたらいいですよ。 | ●エクササイズの続きではないことを注意する。 |

出典：「カードトーキング」『エンカウンターで学級が変わる・ショートエクササイズ集2』

第2章　学級・学年でのSGEの活用

# すてきなあなた

■ねらい
お互いのことを知り，よい印象を伝え合うことで，ほめられることの心地よさを体験し，保護者同士の肯定的な人間関係をつくる。

■こんなときにおすすめ
まだ互いをよく知らない1学期の保護者会など。

高畑　晃

**種類**
自己理解
自己受容

**時間**
30分

**集団**
初期

（イラスト内テキスト）
笑顔がすてきなんて
照れちゃうけどうれしい！
みんなありがとう

グループでカードを回してすてきなところを伝え合う

門田さんのすてきなところ
声がすてき
笑顔がすてき
毎日10冊本を読むなんて尊敬します

■準備
・P.153のプリントと筆記用具（人数分）

■進め方
・2人組になり，互いに自己紹介する。
・6人組になり，先ほどのペアの相手を新しいグループのメンバーに紹介する。
・それぞれのメンバーのすてきだなと思ったところ，印象に残ったところを，カードに記入する。
・自分のカードを読む。
・感想を話し合う。

■保護者の反応や感想
・カードに何が書かれているのか，読むまでどきどきしました。
・ほめられることはめったにないので，照れくさいけど，うれしかったです。

学級・学年で行うエクササイズ

## ■展開例　すてきなあなた

| 場面 | リーダーの指示（●）とメンバーの反応・行動（☆） | 留意点 |
|---|---|---|
| インストラクション | **1. ねらいを説明する**<br>●私は先日，先輩から「あなたは頼まれたことをすぐにやってくれるので心強いわ」と言われ，うれしい気持ちと元気がわいてきました。今日は皆さんで「すてきなあなた」をして，心地よさを体験し合えたらいいなと思います。 | ●教師が自己開示する。 |
| インストラクション | **2. 自己紹介と他己紹介をする**<br>●近くの人とペアになり，1分間ずつ自己紹介をしましょう。<br>●ペアを3つ合体して，6人グループをつくりましょう。<br>●新しくグループになった皆さんに，先ほどのペアの相手を紹介しましょう。相手から聞いたお話のほかに，見た目の印象，雰囲気，服装など，自分の感じた印象もつけ加えるといいですね。<br>●時間は1人につき1分間です。始めてください。 | ●自己紹介の話題を示しておく。<br><br>【話題の例】<br>・いま夢中になっていること<br>・最近うれしかったこと<br>・ちょっとした私の自慢 |
| インストラクション | **3. デモンストレーションをする**<br>●ここからが本番です。それぞれの人のすてきだなと思ったところ，いいなと思ったところを，カードに書いて贈り合います。<br>●例えば，「子どものころからずっと伸ばしている長い髪がすてきです」「毎朝3時に起きてお弁当づくりなんて，本当に尊敬します。ご苦労様」という具合です。<br>●回ってきたカードに順番にメッセージを書いて，さらに右隣の人に回していきます。最後に自分のカードが戻ってきますが，まだ読んではいけません。楽しみは後にとっておきましょう。 | |
| エクササイズ | **4. 課題を行う**<br>●それではカードを配ります。いちばん上に自分の名前を書いて，右隣の人に回してください。<br>●では，メッセージを書きましょう。時間は10分間です。<br>●手元に自分のカードが戻ってきましたか？　それでは，いっせいにカードを読みましょう。 | ●全員にカードを配る。<br><br>●全員そろっていっせいにカードを読む。 |
| シェアリング | **5. 感じたこと気づいたことを語り合う**<br>●感じたことや気づいたことをグループで話し合いましょう。<br>●グループの中で出された話をみんなにも紹介してください。<br>☆「去年も役員をしていたのに，今年も引き受けてくれて感謝しています」という言葉に，わかってくれている人がいるんだと思ってとてもうれしくなりました。<br>●みんな気持ちは同じだと思います。<br>☆ほめるのはむずかしいです。つい外見のことになりました。<br>●いいんです。外見をほめられるってめったにないことですから。 | ●エクササイズの続きではないことに注意する。 |

出典：「素敵なあなた・素敵なわが子」『エンカウンターで学級が変わる・中学校編1』『構成的グループエンカウンター事典』

第2章　学級・学年でのSGEの活用

# あなたならどうしますか

■ねらい
参加者に共通するテーマについて，いろいろな意見や考えを出し合うことを通して，自己を振り返り，新たな視点をもつ。

■こんなときにおすすめ
保護者会の話題について意見が出にくいとき。

渡辺寿枝

**種類**
自己理解
他者理解

**時間**
50分

**集団**
初期

1. よくある親子の困りごとに自分だったらどうするかをカードにどんどん書く

2. グループで似た内容のものをまとめる

（吹き出し）こんな考え方もあるのねー
（吹き出し）私と同じだわ

■準備
・模造紙半分・のり・マジックセット
・カード（5cm×10cm）30〜40枚

■進め方
・4〜5人組になり，司会，発表，まとめ，書記の役割を決める。
・テーマに対する自分の意見をカードに書く。
・カードをもとにグループで話し合う。似た意見はまとめて模造紙に貼り，見出しをつける。
・グループで話し合ったことを発表する。

■保護者の反応や感想
・いろいろな意見が出て，とてもおもしろいと思いました。
・何でも自由にと言われたので，こんなことができたらいいなという願望をたくさん書きました。
・似た意見を集めることができましたが，見出しづくりに時間がかかりました。
・ほかの方の意見がとても参考になりました。
・うちは女の子なので反抗されたことがなく，対応が思い浮かばず，書くのに苦労しました。

## ■展開例　あなたならどうしますか

| 場面 | リーダーの指示（●）とメンバーの反応・行動（☆） | 留意点 |
|---|---|---|
| インストラクション | **1. ねらいを説明する**<br>●今日は，事前のアンケートの中から，「親に反抗的になってきた自分の子どもにどう対応したらよいか」というテーマを選びました。テレビを見ているので「宿題は終わったの？」と聞いたら「うるさい。くそばばあ」と言われ，ショックだったそうです。「皆さんは，こんなときどうしていますか？」「もし，自分の子どもからこう言われたら，どう対応しますか？」というのが話題提供者のお聞きになりたいことです。皆さんで考えましょう。出された意見を参考にして，お子さんと向き合いたいそうです。<br>●意見が有効かどうかより，「自分だったら」という視点で自由にできるだけたくさんの意見を出してください。ポイントは，「自由に意見を言う・自由に発想する」です。<br>●4～5人のグループをつくってください。<br>**2. デモンストレーションをする**<br>●例として，これを見てください。これは，宿題をする前にテレビを見ているとき，「宿題終わったの？」と親から聞かれたらどう答えるかというテーマで子どもたちが考えたものです。皆さんは，親の立場で考えてください。 | ●事前にアンケートをとり，当日の話題についても知らせておくと意見が出やすい。<br>【話題例】<br>・小遣いの渡し方<br>・整理整頓のさせ方<br>・家庭学習のさせ方<br>・忘れ物をなくしたいとき<br>・テレビゲームの約束<br><br>●子どもたちの活動で作ったものを見本として見せるとわかりやすい。 |
| エクササイズ | **3. 課題を行う**<br>●はじめに，自分で考えられるすべての意見をカードに1つずつ書いてください。時間は10分です。<br>●次に，書いたカードをグループのみんなで順番に読み合って，似たものをまとめて模造紙に貼り，見出しをつけてください。時間は25分です。司会，発表，まとめ，書く役を決めてください。<br>●出来上がったものをグループごとに発表してください。 | ●役割をもつこと，カードに書くことで，全員が参加して意見を出し合える場づくりをする。 |
| シェアリング | **4. 感じたこと気づいたことを語り合う**<br>●感じたこと気づいたことをグループで話してください。5分です。<br>　☆うちは女の子なので反抗されたことがなく，対応が思い浮かびませんでした。<br>　●私も経験がないことを考えるのは苦手です。何でもいいと言われても考え込んでしまいますよね。<br>●グループで話したことで全体に伝えたいことがあればどうぞ。時間は5分です。<br>　☆何でも自由にと言われたので，こんなことができたらいいなという願望をたくさん書きました。<br>　●どんどん発想が出てくるので柔軟ですごいと思いました。<br>　☆見出しづくりに時間がかかりました。<br>　●わかります。グループみんなの意見をまとめてと思うと，すぐには決められませんよね。 | ●ねらいにしていた「いろいろな人の意見を知る」ことができたかどうかも振り返るように伝える。<br>●素直に本音を伝え合えるように促す。 |

参考文献：『ブレーンストーミング』『構成的グループエンカウンター事典』，『カード式グループ発想法』『エンカウンターで学級が変わる・小学校編1』

# マジカルミラー

三堀あづさ

■ねらい
人のよさを見つける体験を通して，自分を理解し，互いに信頼関係を築き，仲間への所属感をもてるようにする。

■こんなときにおすすめ
保護者同士の関係を深めていきたいときに。2，3回目の保護者会や，学級での取り組みが増えるなどして，保護者同士でより親密感をもってもらいたいときに。

**種類**
自己理解
自己受容

**時間**
30分

**集団**
中期

相手のよさを映す鏡になって
その人の外見から感じた印象を
伝えていく

（吹き出し）
- うれしいです
- 手がスラッとしてセンスのある人だと感じました
- 額がりんとして知的な方だという感じがしました
- 私は目から強い意志を感じました
- 大きな丸い目があたたかそうな感じがしました

■準備
・課題で使うセリフを紙に書いて用意しておく

■進め方
・5～6人組になり，まるく着席する。
・グループで1人，Aさんを決め，それ以外の人は順番にAさんの魅力をコメントする。「私は○○さんの□□から△△を感じます。きっと▲▲なんだと思います」の形で言う。
・Aさん役を交代して繰り返す。
・感想を語り合う。

■保護者の反応や感想
・最初はとまどいましたが，やってみるととても楽しく言うことができました。
・とても楽しい時間でした。初めて話した人とも少し親しくなれた気がしました。
・ふだん，ほめられることがないので恥ずかしかったです。
・自分が周囲に対して悪い評価をしがちなことに気がつきました。

学級・学年で行うエクササイズ

## ■展開例　マジカルミラー

| 場面 | リーダーの指示（●）とメンバーの反応・行動（☆） | 留意点 |
|---|---|---|
| インストラクション | **1. ねらいを説明する**<br>●今日は皆さんに，子どもたちと同じように，ここにいる仲間とのかかわりを体験していただきたいと思い，「マジカルミラー」をします。ねらいは，自分の知らなかったよさに気づくこと，または思ってもいなかった自分を知り，受け止めることです。<br>●私はこうしたエクササイズでお互いのよさを語り合うことで，不思議なことに相手のことをすごく好きになって，とっても仲よくなるということを何度も体験してきました。<br>●グループをつくりましょう。1グループあたり5〜6人くらいで組んでください。できれば自分のことをあまり知らない方と組むと，新しい発見があるかもしれないのでお勧めです。<br>**2. デモンストレーションをする**<br>●グループの中で最初に体験するAさんを決めます。そしてAさん以外の人はマジカルミラーになります。マジカルミラーは相手のすてきな部分だけ映し出します。Aさんのことをよく見てあげて，すてきだなと思うところを1つ決めます。そしてそこからAさんがどんな人柄なのかを想像して教えてあげましょう。<br>●伝え方はこんなふうに言います。「私はAさんの長いまつげから意志の強さを感じます。きっと意志の強い人なのだと思います」。<br>●Aさんは，「ありがとう」とだけ言って，その言葉を受け止めてください。Aさんはそれ以外の話はしません。照れくさくても「いいえ，そんなことありませんよ」などと言って，せっかくいただいた言葉のプレゼントを否定しないでくださいね。<br>●時間は1人に対して3分ずつです。 | ●5人以上が望ましい。時間が許すのであれば多少多くても構わない。<br>●少ない人数しかそろわない場合は，エクササイズを2回ずつ体験してもらってもよい。<br>●課題のセリフを書いて張り出すとわかりやすい。<br>【セリフ】<br>私は○○さんの□□から△△を感じます。<br>きっと▲▲なんだと思います。 |
| エクササイズ | **3. 課題を行う**<br>●では始めましょう。どうぞ。<br>☆Aさん役の人が話をしたり，おしゃべりをしている。<br>●自分のことを言われると，つい応答したくなりますよね。私も同じです。でも，黙って受け止めましょう。 | ●3分経ったところでメロディを流すなどして交代を促すとよい。 |
| シェアリング | **4. 感じたこと気づいたことを語り合う**<br>●感じたこと，気づいたことをグループで話してください。<br>●グループで話したことで全体に伝えたいことがあればどうぞ。<br>☆周囲に悪い評価をしがちな自分に気がつきました。<br>●私もこのエクササイズをしてみて，子どもの悪いところばかりに目がいくことに気づいて，気をつけるようになりました。<br>☆とても楽しい時間でした。初めて話した人とも少し親しくなれた気がしました。<br>●お互いを知り合って，仲よくなろうというねらいが少し達成できたようですね。とてもうれしいです。 | ●グループでの話し合いも全体への発表も，共に時間は5分。 |

参考文献：『印象を語る』『構成的グループエンカウンター辞典』，『親子いいとこさがし』『エンカウンターで学級が変わる　小学校　Part 2』

第2章 学級・学年でのSGEの活用

# 親子ハンドトーク

■ねらい
子どもからのメッセージや手形を見ながら，共にわが子の成長を喜び合うことで，他者理解を深め，人間関係の基盤をつくる。

■こんなときにおすすめ
保護者同士の関係づくりをしたいときに。

星　由希

**種類**
自己理解
自己受容

**時間**
20分

**集団**
中期

1. 子どもの手形とメッセージを配る

2. グループで語り合う

■準備
・親へのメッセージが入った子どもの手形

■進め方
・4～5人組になり，机を寄せて着席する。
・子どもの手形を配る。
・手の大きさを比べたり，子どもからのメッセージを読んだりする。
・子どもといて幸せだなと思った出来事などをグループで話し合う。
・感想を語り合う。

■保護者の反応や感想
・子どもの手が自分と比べてほとんど変わらないなど，大きくなっていたことにあらためて気づき，成長を感じました。
・子どもが自分をこんなふうに見ていたとは思いませんでした。思わぬプレゼントであたたかい気持ちになれました。保護者同士，共通の話題で話せてよかったです。
・保護者会後も話が弾みました。

## ■展開例　親子ハンドトーク

| 場面 | リーダーの指示（●）とメンバーの反応・行動（☆） | 留意点 |
|---|---|---|
| インストラクション | 1. ねらいを説明する<br>●今日は皆さんへプレゼントがあります。子どもたちが自分の手を鉛筆でかたどった中に、「保護者の皆さんのいいところ」を書きました。皆さんも、子どもの手の上から鉛筆で自分の手をかたどって比べてみてください。<br>●今日は、子どもの成長を共に語り合いながら、楽しく交流していきたいと思います。<br>●いろいろな方と知り合ってほしいので、できるだけまだお話されていない方と4～5人の組になってください。<br>2. デモンストレーションをする<br>●子どもさんからのメッセージや手形を見て感じたことを、グループの中で順番を決めて、次のテーマにそってお話してください。<br>　①保護者からみた子どものいいところ<br>　②手形に書いてある、子どもからみた保護者の方のいいところ<br>　③子どもといて「幸せだな」と思った出来事<br>●まず私がやってみます。「うちの子のいいところは、くよくよしないところです。子どもからみた私のいいところは料理がおいしいところだそうです。ありがたいことです。幸せだなとしみじみ思ったのは、毎日疲れて帰る私に『肩たたき券』を作ってくれたことです」。<br>●このような感じで、グループごとに順番を決めて話してください。時間はグループ全体で10分です。質問はありますか。 | ●子どもたちの手形とメッセージの書かれた画用紙を配る。<br><br>●席を班にする。できるだけ知らない方と組むように呼びかける。<br><br>●話題を板書しておく。<br><br>●何をするのか不安に思わないよう、インストラクションをていねいに行う。 |
| エクササイズ | 3. 課題を行う<br>●それでは始めてください。10分間です。<br>☆「幸せだなと感じた出来事」を話せず困っている。<br>　●一生懸命考えてくださってありがとうございます。小さなことや当たり前のことでも構いません。「思いつかない」と、正直にお話してくださってもいいのですよ。 | ●各グループを回り、介入が必要でないか様子を見る。 |
| シェアリング | 4. 感じたこと気づいたことを語り合う<br>●感じたこと、気づいたことを、グループの人とお話してください。時間は5分間です。<br>☆私の手とほとんど変わらないと思い、成長を感じました。<br>　●お子さんの手形から成長を感じていただき、よかったです。<br>☆グループの方が、幸せを感じる出来事をすぐに話してくださったのに、自分はなかなか見つけられなくて困りました。<br>　●私もあらためて聞かれると「えっ」と詰まります。幸せなことが普通なので、あらためて言われてもとまどってしまうというのもあるのかもしれませんね。 | ●時間があれば全体でもシェアリングをする。<br><br>●手形の画用紙は持ち帰り、児童に渡してもらう。 |

# わが子の好きなところは

山宮まり子

■ねらい
わが子を肯定的にとらえる体験を通して，保護者自身の自己肯定感を高める。保護者同士が子どもを通して知り合ってリレーションをつくる。

■こんなときにおすすめ
保護者会の初回に。最後に行って，1年間のまとめをするのもよい。

**種類**
自己理解
自己受容

**時間**
30分

**集団**
中期

(吹き出し)
- 私はしゅんのこわがりなところが好きです
- 私はあいのかわいい寝顔が好きです
- 私はとおるの正義感の強いところが好きです
- そんなふうに思ったことなかったなあ
- …私はいつも怒ってるわね

■準備
・子どもたちが生活班のメンバーで，互いに「あなたのここが好き」というところを書いたカード

■進め方
・5～6人組になる。
・「わが子の好きなところと理由」を順に言う。
・わが子に贈られた「あなたのここが好き」カードを読む。
・感想を語り合う。

■保護者の反応や感想
・悪いところはいくつもあげられるけど，よいところをぱっと見つけることはなかなかむずかしい。でも大事なことだなと，あらためて感じました。
・子ども同士でもよいところを見つけ合ってくれて，よいクラスだなと感じました。
・自分では気づいていなかった子どもの一面を，子どもの友達がわかってくれていてうれしかったです。

学級・学年で行うエクササイズ

## ■展開例　わが子の好きなところは

| 場面 | リーダーの指示（●）とメンバーの反応・行動（☆） | 留意点 |
|---|---|---|
| インストラクション | 1. ねらいを説明する<br>●さきほど学級経営の方針でも申し上げたとおり，私はこのクラスを，子どもたちが「自己肯定感」を高め合える学級にしていきたいと考えています。<br>●先日の学級活動では，子どもたちがお互いの好きなところを「あなたのここが好き」カードに書いて贈り合いました。今日は保護者の皆さんも，わが子のどんな側面が好きなのかを考えて伝え合ってみましょう。<br>●これまであまりお話ししたことのない方同士で，5〜6人のグループをつくってください。<br>2. デモンストレーションをする<br>●まず私が言ってみます。「私は，拓也の優しいところが好きです。言葉はぶっきらぼうですが，いつもこちらを気遣っていることが伝わります。私が風邪で寝込んだときは，遊びに出かけずに，そばで読書をしている拓也でした」。こんなふうに言ってほしいのです。<br>●お題は「わが子の好きなところ」です。子どもさんのよさを親ばか丸出しでアピールしてください。 | ●事前に自己紹介や簡単なウォーミングアップの活動を行い，場の雰囲気をほぐしておく。<br><br><br><br>●知り合い同士でないほうが話しやすい場合が多い。<br><br>●教師も自己開示をする。 |
| エクササイズ | 3. 課題を行う<br>●グループごとに順番を決めて始めてください。時間は10分間です。<br>☆ずっと考え込んでいる。<br>●いっそ気になっているところを「好き」と言ってみませんか。私もかつて，わが子の臆病な面を「慎重なところが好き」と言ってみて，自分でも驚いたことがあります。<br>●時間です。やめてください。<br>●これから，クラスの子どもたちがお子さんの好きなところを書いた「あなたのここが好き」カードをお渡ししますので，お読みください。 | ●言える人から始める。<br>●時間があれば2周目を行う。<br><br><br><br>●学活で，子どもたちが班のメンバーに対して書いた「肯定感カード」を配る。 |
| シェアリング | 4. 感じたこと気づいたことを語り合う<br>●いまどんなお気持ちでしょうか。感じたこと，気づいたことをグループで語り合いましょう。<br>●グループの話を全体にも紹介してください。<br>☆自分の知らない子どもの側面を，クラスの子がちゃんとわかってくれていてうれしくなりました。<br>●お子さんのよい面が学校で発揮されているのですね。<br>☆悪いところはすぐ見つかるのですが，よいところを探すのってこんなにむずかしいのですね。<br>●私もむずかしいです。気がかりな面は「好き」ととらえてみるようにしています。 | |

参考文献：「親子いいとこさがし」『エンカウンターで学級が変わる・小学校編2』

第2章　学級・学年でのSGEの活用

# ほめあげ大会

■ねらい
ふだん感じている互いのよいところを伝え合う体験を通して、自分のよさと相手のよさに気づき、心の距離を縮める。

■こんなときにおすすめ
1学期末または、2学期のはじめの懇談会などに。

今村啓子

**種類**
自己理解
他者理解

**時間**
30分

**集団**
中期

1. いいところを書いて贈り合う

（市村さんはいつもあいさつしてくれて感じのいい人だからそのことを書こう）

2. もらったカードを紹介し合う

（いつも心がけているあいさつのことを書いてもらったのが一番うれしかったです）

■準備
・A5程度の大きさのカード（1人あたり3枚）
・鉛筆　・用箋ばさみ

■進め方
・4人組をつくり、着席する。
・グループの人の、日ごろいいなと思うところ、すてきだと思うところを、カードに書く。
・カードを交換し、自分にもらったカードを読む。
・もらったカードの中から、1つ発表する。
・感想を語り合う。

■保護者の反応や感想
・人をほめるというので、ドキドキしたけれど、自分がほめてもらうとうれしかった。これからは、少しずつ子どもをほめたいです。
・同じクラスになったことがないお母さんが、こんなふうに私のことを見ていてくださったのかと思い、うれしかったです。

学級・学年で行うエクササイズ

## ■展開例　ほめあげ大会

| 場面 | リーダーの指示（●）とメンバーの反応・行動（☆） | 留意点 |
|---|---|---|
| インストラクション | **1. ねらいを説明する**<br>●今日は「ほめあげ大会」というエクササイズをします。ねらいは「自分のよさに気づく・相手のよさに気づく」です。<br>●私はクラスの子どもたちに「先生のよいところは、いつもニコニコして話を聞いてくれるところです」と書いてもらいました。とてもうれしくて、こらからもずっとそうしようと思いました。ポジティブなメッセージをもらうとパワーがわいてきます。面と向かってほめ合うのは照れくさいですが、今日は皆さんも思いきって、日ごろから感じていることを伝え合いましょう。<br>**2. デモンストレーションをする**<br>●いま座っている4人組の全員について、ふだんからいいなと思うところ、すてきだなと思っているところをカードに書きます。<br>●例えば、「○○さんは会うたびに『こんにちは！』と明るくあいさつしてくれるので、元気をもらっています」という具合です。<br>●その後、カードを本人に渡して読み合います。紹介してもよいと思う内容を1つ、グループに発表しましょう。 | ●ウォーミングアップとして、拍手の数でグループづくりをする。最後は4人組で着席する。<br><br><br><br><br><br>●無理に参加させることのないように、自分の意志で参加・不参加を決定できるようにする。 |
| エクササイズ | **3. 課題を行う**<br>●それではカードを書きましょう。時間は10分間です。<br>　☆書くことになかなか踏み切れない。<br>　●いいところを言ってもらって、いやな気持ちはしませんよ。感じたことを安心して書いてください。<br>●10分経ちました。カードを交換して読み合いましょう。<br>●うれしかった内容で、グループの人に紹介してもよいと思うものを1つ発表しましょう。時間は5分です。 | ●各グループの様子を見て回る。<br>●全体に広めたい話がないか、動揺している保護者がいないか留意する。 |
| シェアリング | **4. 感じたこと気づいたことを語り合う**<br>●感じたこと、気づいたことをグループで語り合いましょう。<br>●グループの中で出された話を紹介してください。<br>　☆なんだか照れくさいです。的はずれなことを書いては失礼かなと思ったら、ドキドキしました。<br>　●あなたがいま感じていることを伝えたら、それでいいのですよ。<br>　☆こんなふうに私のことを見ていてくれたんだって思ったら涙が出てきました。<br>　●ほめられるって本当にうれしいものですよね。 | ●時間は5分。<br>●発表の続きになってしまっているグループには、感じたこと気づいたことを話し合うよう声をかける。 |

出典：「ほめあげ大会」『構成的グループエンカウンター事典』『エンカウンターで学級が変わる・小学校編1』

# ホットシート

竹内紀子

■ねらい
互いのことが少しわかり合ってきた保護者同士が，相手の印象やよいところを率直に伝え合うことを通して，自己肯定感と仲間意識を高める。

■こんなときにおすすめ
お互いを知り合ったころに，もう一歩関係を深めたいとき。保護者に自分をとらえなおす機会をもってほしいとき。

**種類** 自己受容

**時間** 15分

**集団** 中期

よいところをメンバーが言ってあげる

（吹き出し）
- 清田さんのクッキー　バザーで大好評だったわね
- 私も参考にして家で作ってみました
- レシピのアイデアがすばらしいもの
- うふふ

■準備
・特になし

■進め方
・よく知り合っている者同士で，4～5人組になる。
・グループの1人に向かって，ほかの全員がその人のよいところや印象を順に言っていく。
・言われる人は，じっと黙って聞く。
・1人に対して3周したら，言われる人を交代する。
・感想を話し合う。

■保護者の反応や感想
・相手のいいところを真剣になって考えました。
・よいところを言われたとき，うれしかったが照れてしまいました。
・人から客観的にみたそのままを言ってもらい，そんなふうに自分がみえていると初めて知りました。
・相手に伝えるときにも，これでいいのかとまどいいましたが，言ってみると，お互いが通じる感じがしてよかったです。

## ■展開例　ホットシート

| 場面 | リーダーの指示（●）とメンバーの反応・行動（☆） | 留意点 |
|---|---|---|
| インストラクション | 1. ねらいを説明する<br>●このクラスで一緒に過ごしてきて、皆さんと少しずつお互いのことがわかり合えてきたと感じています。今日のねらいは、「ふだん感じているその人のよさを誠実に伝え合う」ことです。互いの印象について面と向かって伝え合うことは、ふだんはなかなかできませんが、よいところを人から言ってもらうと、とてもうれしく元気が出るうえに、いままで気づかなかった自分の一面に気づけることもあります。<br>●4人か5人のグループになってください。<br>2. デモンストレーションをする<br>●まず私がやってみますね。原さん、協力をお願いします。<br>「原さんは保護者会の前にいつも『先生、何かお手伝いすることがありますか』と聞いてくれるので、思いやりのある人だなと感じています」。<br>●このように前の席に座った1人について、感じているままに、いいところや印象を順に言っていきます。1人につき3周回ります。<br>●質問はありますか。 | ●よく知っている者同士が望ましい。<br>●役員さんなどに協力してもらうとよい。 |
| エクササイズ | 3. 課題を行う<br>●では、前の席に座る順番を決めてください。<br>●私のほうでは時間を区切りませんので、順に前に座って言ってもらう役になりましょう。では、始めてください。<br>☆何を伝えればいいのか迷っている。<br>●相手のほうの印象やいままでのことでいいなあと思ったことを、そのまま伝えればいいのですよ。<br>☆言われる人がしゃべってしまっている。<br>●言ってくれる人の顔を見て、じっと心で味わってください。 | ●言われたことは否定せず、じっと受け止めることに専念するようにする。 |
| シェアリング | 4. 感じたこと気づいたことを語り合う<br>●自分のよいところを人から言ってもらって、感じたこと、気づいたことは何ですか。グループで語り合いましょう。時間は7分間です。全員が話せるようにグループの中で調整してください。<br>●全体の中で何かお話したい方はいますか。<br>☆「頼りがいがある」と言われて、けっこう私も「イケてるな」と感じました。<br>●いい線いっている自分が発見できてよかったですね。<br>☆親しいとはいえ、面と向かって伝えるのはとまどいました。<br>●とまどいつつ一生懸命伝える木下さんの表情がすてきでした。 | ●エクササイズの続きではないことを注意する。<br>●言われた内容へのフィードバックではなく、そのときの気持ちを語るように促す。 |

出典：「ホットシート」國分康孝『エンカウンター』誠信書房，「ホットシート」片野智治『構成的グループ・エンカウンター』駿河台出版社，「別れの花束」『構成的グループエンカウンター事典』『エンカウンターで学級が変わる・小学校編1』

## 私はあなたが好きです。なぜならば

森沢　勇

■ねらい
無条件の好意の念を伝え合うことで，参加者の自己肯定感の育成を図る。「自分の気持ちを語る」「相手の気持ちに気づく」活動で，保護者同士が仲よくなる。

■こんなときにおすすめ
PTAの行事や広報誌作成等の活動に共に取り組んできた保護者同士で。

**種類**
信頼体験
自己受容

**時間**
45分

**集団**
中期

「私はあなたが好きです。なぜならば…」に続けて，その人のよいところを言っていく

（吹き出し）
- なぜならば一緒にいるとほっとできるからです
- 話をしっかり聞いてくれるからです
- みんなのことを考えてくれるからです
- パソコンが使いこなせてかっこいいからです

■準備
・キッチンタイマー

■進め方
・5～6人組になり，輪になって座る。
・グループの1人の人に対して，ほかのメンバーが順番に「私はあなたが好きです。なぜならば」に続けて，その人のよいところを言っていく。
・順にグループの全員について行う。
・感想を話し合う。

■保護者の反応や感想
・ふだん，ほめられることがなくなったので，うれしい気持ちがしました。言われるだけでなく相手のよさを見つけられたこともうれしくなりました。
・自分でわかっているところ，自分の知らなかったところ，どちらも気づかせてもらいました。
・自分にゆとりがないときには，好きと言われたことも嫌みに感じてしまうと思いました。だからこそ，心のゆとりを大切にしたいです。

## ■展開例　私はあなたが好きです。なぜならば

| 場面 | リーダーの指示（●）とメンバーの反応・行動（☆） | 留意点 |
|---|---|---|
| インストラクション | **1. ねらいを説明する**<br>●今日はPTAの委員会の皆さんに集まってもらいました。1年間，すてきな仲間がいて，お互いに支え合ってきた，そんな気持ちを見つめられたらいいなと思います。<br>●時計回りに1番から5番（6番）までコールします。同じ番号同士で集まり，グループをつくりましょう。<br>**2. デモンストレーションをする**<br>●これから「私はあなたが好きです。なぜならば」というエクササイズをします。<br>●ねらいは「その人のよさを誠実に伝え合うこと」です。思い切って自分を開き伝え合いましょう。新しい自分に気づくチャンスになるかもしれませんね。<br>●まず，リーダーが言ってみますね。<br>「私はあなたが好きです。なぜならば，家族を大切にしているのに，夜の貴重な時間をさいてこの場に来ているからです」。<br>●このように，グループの1人の人に対して，「私はあなたが好きです。なぜならば……」に続けて，いいなと思っているところを時計回りに言っていきます。<br>●何か質問はありますか。 | ●ふれあいが深まるように，ウォーミングアップとして事前に「タッチであいさつ」と「バースデーライン」を行う。<br>●5〜6人グループができるように指示する。<br><br>●エクササイズでの話はこの場だけのことにするが，言って後悔するようなことは言わなくてもよいことを確認する。 |
| エクササイズ | **3. 課題を行う**<br>●始める前に，それぞれのチャームポイントを3分間考えます。<br>●では，始めましょう。1人に対して2分間です。合図があるまで続けて言いましょう。<br>☆必要以上にはしゃいでしまう。<br>●なんだか照れくさい感じがするのでしょうかね。 | ●人数の少ない組が早く終わった場合は，言い残したことを自由に言い合う。<br>●教師は各グループの様子にさり気なく耳を傾ける。 |
| シェアリング | **4. 感じたこと気づいたことを語り合う**<br>●やってみて感じたことや気づいたことを語り合いましょう。<br>●今度はうれしいと感じた気持ちを話し合ってみてください。<br>●グループの話で出された内容で，みんなに紹介したいなという話があったら，どうぞ。<br>☆「目をしっかり見て聞いてくれるところが好き」といってもらい，それを意識してきた自分が認められた思いでした。<br>●ご自分で努力して獲得した習慣なのですね。<br>☆ゆとりのない毎日なので，「ゆったりとした感じが好き」と言われたときに違和感がありました。<br>●周囲に忙しさを感じさせないあなたなのですね。<br>●この場だから話せたこともあります。気持ちを引きずらないようにしましょう。 | ●信頼体験を深めるため，シェアリングは2段階にする。<br>●全体に広げたい話を拾うため，リーダーはグループを回る。<br>●恋愛感情などに発展しないように，この場だけのことであることを確認する。 |

出典：「私はあなたが好きです。なぜならば」『構成的グループエンカウンター事典』

# 私のいいところ

今村啓子

■ねらい
自分の長所を口に出して自画自賛することで，自尊感情を高める。保護者の自尊感情が高まると，子どもの自尊感情も高まってくる。

■こんなときにおすすめ
保護者間のリレーションができてきたころに。

**種類** 自己受容

**時間** 30分

**集団** 中期

（吹き出し）
- 私のいいところは…
- 私のいいところは考えても仕方ないことをクヨクヨしないことです
- 私のいいところはいつも笑顔であいさつしているところです
- 私のいいところはまじめなところです

■準備
・A4程度の用紙を1人1枚
・鉛筆　・用箋ばさみ

■進め方
・4～5人組になり，着席する。
・自分のいいところを考えて用紙にメモする。
・グループの中で順番に，「私のいいところは～です」と自分のいいところを大きな声で発表していく。
・感想を話し合う。

■保護者の反応や感想
・声に出して言ってみたら，自分でも本当にそう思えるようになりました。
・すごく小さなことですが，毎朝笑顔で「おはよう」と言うようにしていることをグループの皆さんに言えて，「いいわね」と言ってもらえたので，うれしい気持ちになりました。

## ■展開例　私のいいところ

| 場面 | リーダーの指示（●）とメンバーの反応・行動（☆） | 留意点 |
|---|---|---|
| インストラクション | 1. ねらいを説明する<br>●今日のエクササイズは，「私のいいところ」です。ねらいは，自分のいいところを口に出して表現することです。<br>●以前にこのエクササイズをしたとき，私は自分のいいところが見つからず苦戦しました。思わず「まじめです」と口に出してから，「そうだ。まじめなのは私のいいところだ」と妙に納得しました。実際に言ってみてわかることってあるのですね。<br>●では，近くの人と4人でグループになります。<br>2. デモンストレーションをする<br>●グループの中で，1人ずつ順番に「私のいいところは〜です」と大きく声に出して言っていきます。<br>●例えばこんなふうに言います。「わたしのいいところは，エンカウンターの勉強を続けているところです。わたしにとってむずかしいことですが，少しずつ力をつけようと前向きに取り組んでいるからです。最近はそんな自分を，少し誇らしく感じています」。 | ●緊張感をほぐすように，初めに「アウチ」などであいさつする。<br><br><br><br><br>●人数が合わない場合は5人グループもつくる。<br>●無理に参加させることのないように，自分の意志で参加・不参加を決定できるようにする。 |
| エクササイズ | 3. 課題を行う<br>●初めに，自分がんばっていること・いつも心がけていることなどを考えて，用紙に書き出します。簡単に理由も書けるといいですね。時間は5分です。<br>　☆書けなくて困っている。<br>　●真剣に考えてくださる方ほど悩んでしまうことがあります。<br>●グループの皆さんに発表する時間になりました。謙譲の美徳を脇において，自画自賛丸出しでいきましょう。順番が決まったら，1番の方からなるべく大きな声でどうぞ。時間は5分です。時間になるまで何周もします。 | ●全体をくまなく回り，様子をよく見る。<br>●発表順を決めるときは，焦らせないように気をつける。 |
| シェアリング | 4. 感じたこと気づいたことを語り合う<br>●やってみて感じたこと，気づいたことをグループで語り合います。自分のことについて気づいたことはありましたか。グループの人について感じたことや気づいたことはありましたか。<br>●時間は5分です。始めてください。<br>●グループの中で出された話を紹介してください。<br>　☆声に出して言ったら，ほんとうにそう思えてうれしくなりました。<br>　●私もそうでしたよ。<br>　☆ちょっと無理して偉そうなことを書いてしまいました。口に出したとき恥ずかしかったです。<br>　●そんな自分の気持ちを語ってくれる○○さんってすてきです。 | ●全体に広めたいような話がないか，動揺している保護者がいないか，グループ間を見て回る。<br>●発表の続きになっているグループには声をかける。 |

参考文献：「アウチでよろしく！」『エンカウンターで学級が変わる・ショートエクササイズ集1』『構成的グループエンカウンター事典』，「私は私が好きです。なぜならば」『構成的グループエンカウンター事典』

第2章 学級・学年でのSGEの活用

# 共同絵画

阿部雅子

■ねらい
言葉を使わない共同作業を通して、相手の気持ちを察したり、自分に起こってきた感情に気づいたりすることで、保護者同士のリレーションづくりをする。

■こんなときにおすすめ
教師の一方的な伝達になってしまいそうなときに。保護者が次はどんなエクササイズをするか期待が高まっているときに。

種類
感受性

時間
30分

集団
中期

（イラスト内の吹き出し）
- 桜ね
- じゃあ私は空を描こうかしら
- たまにはこんな保護者会も面白いわね

■準備
・画用紙とクレヨン（グループに1セット）

■進め方
・4〜5人組をつくる。
・グループごとに描きたいもののテーマを決める。
・言葉をいっさい使わずに、15分程度で1枚の絵を描き上げる。
・できあがった作品についてグループで話し合う。
・ほかのチームの作品を見合う。
・全体で感想を話し合う。

■保護者の反応や感想
・楽しい気分になりました。しゃべらずに描くのはむずかしいです。会話の大切さがわかりました。
・絵は苦手ですが、皆さんといろいろ考えて描けたのが楽しかったです。
・人の心を読み取りながら描くことで、人のことを思いやれる気持ちが芽生える感じがしてよかったです。

学級・学年で行うエクササイズ

## ■展開例　共同絵画

| 場面 | リーダーの指示（●）とメンバーの反応・行動（☆） | 留意点 |
|---|---|---|
| インストラクション | **1. ねらいを説明する**<br>●縁あって同じクラスになりました。皆さんと団結して，1年間いろいろな活動ができるといいなと願っています。そこで今日は，力を合わせて行う作業をします。ねらいは「作業をしているときの自分の気持ちを感じたり，グループの人の思いを察したりすること」です。<br>●4人組になってください。<br>**2. デモンストレーションをする**<br>●これから，言葉を使わずに黙ったまま，グループで1枚の絵を描きます。描きたいもののテーマは，グループの話し合いで決めます。テーマから自分がイメージしたことを1つ描いたら，次の人に回してください。1人に2～3回は順番が回ってくるように，時間の配分も考えてください。時間は15分間です。<br>●むずかしく考えずに，童心に返って自由に描きましょう。 | ●多くの保護者と知り合いになれるように，くじ引きでグループをつくってもよい。<br>●画用紙とクレヨンを配る。<br>【テーマの例】<br>春夏秋冬，運動会・遠足，学校の休み時間，海の中，花畑，バースデーケーキなど |
| エクササイズ | **3. 課題を行う**<br>●それでは始めましょう。<br>☆描けずに困っている。<br>　●パスをしていいですよ。次に回ってきたときに描けたら描いてみてください<br>●は～い，時間になりました。もう話してもけっこうです。絵を描いていたときの気持ちをグループの人と伝え合ってください。<br>●ほかのグループの作品を見てみましょう。<br>●自分の席に戻ってください。 | ●途中から入ってきた保護者には，観察者になってもらうように伝える。<br>●自由に立って見て回る。 |
| シェアリング | **4. 感じたこと気づいたことを語り合う**<br>●感じたこと，気づいたことをグループで伝え合いましょう。<br>●話が弾んでいますね。グループでどんな話が出たか，皆さんにも伝えてください。<br>☆心のままに何も考えず描きました。かなり意外な色づかいで，協調性のない自分を発見しましたが，楽しかったです。<br>●このグループは，とても熱心に描いていましたね。<br>☆どう描いていいかわかりませんでした。考えたことを絵にするのはむずかしいですね。上手に描こうとするからだと思いました。<br>●どうなるのかと，ちょっと心配になったときもありましたが，よい雰囲気になりましたね。<br>☆私は図工や絵が苦手ですが，この活動は楽しくできました。<br>●みなさん，童心に返って楽しそうに描いていました。 | ●絵の出来映えだけでなく，描いているときの気持ちを振り返るように伝える。<br>●全体に紹介したい話をしている人を見つけておく。 |

出典：「共同絵画」『エンカウンターで学級が変わる・小学校編1』『同・中学校編1』，「共同描画」國分康孝『エンカウンター』誠信書房，片野智治『構成的グループ・エンカウンター』駿河台出版社

第2章　学級・学年でのSGEの活用

# 受容と拒否の ロールプレイ

村田巳智子

■ねらい
聞き手の反応や態度によって，話し手の気持ちがどのように違うかを実感する。好意の念をもって聞いてもらう体験から，自分が大切にされ，肯定的に受け入れてもらえる心地よさを感じる。

■こんなときにおすすめ
保護者懇談会で。親子関係づくりの支援として。

| 種類 | 自己理解 |
| --- | --- |
| 時間 | 20分 |
| 集団 | 中期 |

拒否のロールプレイ

〈聞き手〉
　知らん顔
　腕組み
　下を向く
　体を反らす

（話しづらくていやだなあ）

受容のロールプレイ

〈聞き手〉
　顔を見る
　うなずく
　相づち
　体を向ける

（自分が大切にされている感じがしてうれしい！）

■準備
・「2つの聞き方」「トピックの例」の掲示物

■進め方
・2人組になり，「聞く役」と「話す役」を決める。
・聞き手は，まず「拒否」の態度で相手の話を聞く。その後，聞き方を変え，好意の念をもって「受容」の態度で相手の話を聞く。
・「聞く役」と「話す役」の役割を交代する。
・感想を話し合う。

■保護者の反応や感想
・自分の話をうなずきながら受け止めて聞いてくれたので，とてもうれしかった。じっくりと聞いてくれる相手の態度に促されて安心しました。話がとても弾みました。
・話を好意的に聞いてもらえると，自分が相手から大切にしてもらえている感じがして心地よかった。自分のことを受け入れてもらっている感じがすると，もっと相手に話をしたくなりました。

## ■展開例　受容と拒否のロールプレイ

| 場面 | リーダーの指示（●）とメンバーの反応・行動（☆） | 留意点 |
|---|---|---|
| インストラクション | 1. ねらいを説明する<br>●今日のテーマは「会話」です。聞き手の反応の違いが，話している人の気持ちにどんな影響を与えるかを実感してみましょう。<br>●ねらいは「聞き手の態度で，話し手の気持ちが高まることに気づく」です。話を好意的に聞いてもらうと，自分が大切な存在として相手から受け入れられていることが実感できます。うれしくなって，会話がどんどん弾みます。<br>●私はこのエクササイズを体験して，すぐに娘との会話で気をつけてみたところ，会話がとても弾み，親子関係が深まった感じがしてとてもうれしかったものです。<br>●では近くの人と2人組をつくり，声がじゃまにならないよう，ほかのペアと距離をとって向かい合って座ってください。<br>2. デモンストレーションをする<br>●これから，私が2つの聞き方の違いをやってみます。○○さん，手伝っていただけますか。<br>●最初の1分間は目を合わせないで，うなずきたくなるのを我慢して，知らん顔をして聞きます。次の2分間は，「うん，うん」とうなずきながら，親身になって話をしっかり聞いてください。<br>●2とおりの聞き方を体験したら，役割を交代します。<br>●話し手はトピックの例を参考に，自分のことを語ってください。<br>●何か質問はありませんか。 | 【拒否の聞き方】<br>・知らん顔<br>・腕組み<br>・下向き<br>・体を反らす<br><br>【受容の聞き方】<br>・話す人の顔を見る<br>・うなずく<br>・相づち<br>・体を向ける<br><br>【トピックの例】<br>・最近楽しかったこと<br>・子どもとの思い出<br>・大切にしている物 |
| エクササイズ | 3. 課題を行う<br>●それでは，「拒否」の聞き方から始めましょう。<br>●1分たちました。「受容」の聞き方に切り替えてください。<br>●はいここまで。では役割をチェンジしましょう。 | ●時間をしっかり計り，2とおりの聞き方と役割交代を指示する。 |
| シェアリング | 4. 感じたこと気づいたことを語り合う<br>●感じたこと，気づいたことを語り合いましょう。時間は5分間です。始めてください。<br>●話し合った内容を，皆さんにも紹介してください。<br>　☆「受容」の聞き方で，うなずきながら受け止めて聞いてくださったのがとてもうれしかったです。<br>　●初めて話す人なのに，ついつい話が弾んでしまいますね。<br>　☆「拒否」ではペアの方の話も続かなくて，こんな態度で聞いている自分がいやでした。<br>　●木村さんは優しい方ですね。練習だとわかっていても，相手にすまないなと感じられたのですね。 | ●各グループをまんべんなく回り，耳を傾ける。<br>●参加者のとまどいや気づきを把握し，シェアリングに生かす。 |

出典：『聞いてもらえる喜び』『構成的グループエンカウンター事典』『エンカウンターで学級が変わる・高等学校編』

# 短所を長所に

萩原美津枝

**■ねらい**
自分ではほかの人より劣っていると感じていることや嫌だと思っているところも、見方を変えると長所になることに気づき、あるがままの自分を受け止め、自己肯定感を高める。

**■こんなときにおすすめ**
自分や自分の子ども以外の人のよさが目につき、自信をなくしかけているとき。

**種類**
自己受容

**時間**
30分

**集団**
中期

黒板：短所を長所に言いかえよう!!
いいかげん → おおらか
がんこ → 意志が強い

吹き出し：
- 言いかえると実行力がある！
- 私の短所はせっかちなところ
- それはね愛嬌があるってことじゃない？
- おっちょこちょいってうまく言いかえてくれない？

**■準備**
・記入用紙（A4程度）
・筆記用具

**■進め方**
・3～4人組になる。
・短所かな、と自分で感じていることを、用紙の左側に書く。
・短所を長所に書き換え、用紙の右側に書く。
・自分で書きかえた後、周りの人と確かめ合ったり相談し合ったりしながら行う。

**■保護者の反応や感想**
・自分は嫌な性格だと思っていたけど、言いかえをすると、よい面だということがわかって得をしたような気がします。自分の好きな性格が増えたような気がします。
・子どもを「生意気だ！」と叱ってばかりだったけど、「自立心が出てきたんだ」と思えば、頼もしく思えるような気がしました。

学級・学年で行うエクササイズ

## ■展開例　短所を長所に

| 場面 | リーダーの指示（●）とメンバーの反応・行動（☆） | 留意点 |
|---|---|---|
| インストラクション | 1. ねらいを説明する<br>●自分にとって欠点だと思っていることが，他人からみると長所としてとらえられることもあります。1つのことを別の角度から見直したり，考え直したりすることを「リフレーミング」といいます。今日のねらいは，リフレーミングを使って「短所を長所に変えよう」です。<br>2. デモンストレーションをする<br>●自分の短所を左側に書いて，それをどんどん長所に書きかえていきましょう。<br>●例えば，私ははっきり断れないことが欠点で，とても嫌です。<br>●でも，見方を変えて，これを言いかえてみると，「相手のことを尊重してる」ということもできます。ほかにも，だれか言いかえてくれませんか？　「優しい」。ありがとうございます。とっても元気が出てきました。<br>●まず自分で，次に周りの方と一緒にリフレーミングしましょう。 | ●短所を話題にするので，持ち上がり学級など，互いに顔見知りの和やかな雰囲気で実施する。<br>●用紙と筆記用具を配る。<br>●黒板に貼った拡大ワークシートに書きながら説明する。<br>●リフレーミング辞書を用意してヒントにしてもよい。<br>●「気が進まない人は，パスしたいと言ってください」と参加の自由を伝える。 |
| エクササイズ | 3. 課題を行う<br>●では，書いてみましょう。時間は5分です。<br>┌☆なかなか書けない。<br>└●自分について，思いつく言葉を自由に書いてみてください。<br>●書いたものを見せ合い，うまくリフレーミングできなかった言葉を，グループで考えましょう。<br>┌☆「家事が苦手」は，「許してくれたり手伝ってくれたりする家族がいる」っていえるんじゃない？<br>└●すばらしいリフレーミングですね。 | ●時間の見通しを示す。 |
| シェアリング | 4. 感じたこと気づいたことを語り合う<br>●リフレーミングをする前と，いまの気持ちを考えて，思ったことや気がついたことを周りの人と話してください。時間は5分です。<br>●話したことで全体に伝えたいことがあればどうぞ。時間は5分です。<br>┌☆自分は嫌な性格だと思っていたけれど，言いかえをして，よいことだとわかって得をしたような気がしました。自分の好きな性格が増えたようです。<br>└●よかったですね。自分がすてきに思えてきますよね。<br>┌☆どうしても，長所に置きかえて考えられない言葉がありました。<br>└●私は「落ち着きがない」は長所に置きかえられないと思っていましたが，子どもから「活動的」と言われて，思わず「うまい」と言ってしまいました。きっと考えられますよ。 | ●気持ちの変化や気づきについての話をする。<br>●活動を通して，自分をより好きになるように言葉がけをする。<br>●互いに拍手を送り，あたたかい気持ちを共有する。 |

出典：「みんなでリフレーミング」『エンカウンターで学級が変わる・中学校編3』『構成的グループエンカウンター事典』

第2章 学級・学年でのSGEの活用

# 考え方をチェンジ

■ねらい
人の言動でストレスを感じたり，落ち込んだりしたときに，ものごとの見方，受け取り方の論理的必然性（つじつまが合っているか）を問いかけ，考え方の転換を図る方法を知る。

■こんなときにおすすめ
保護者が子どもの対応に悩み，落ち込んでいる場合の自信回復に。子どもの受験前の不安を軽減するために。

生井久恵

**種類** 自己理解

**時間** 45分

**集団** 中期

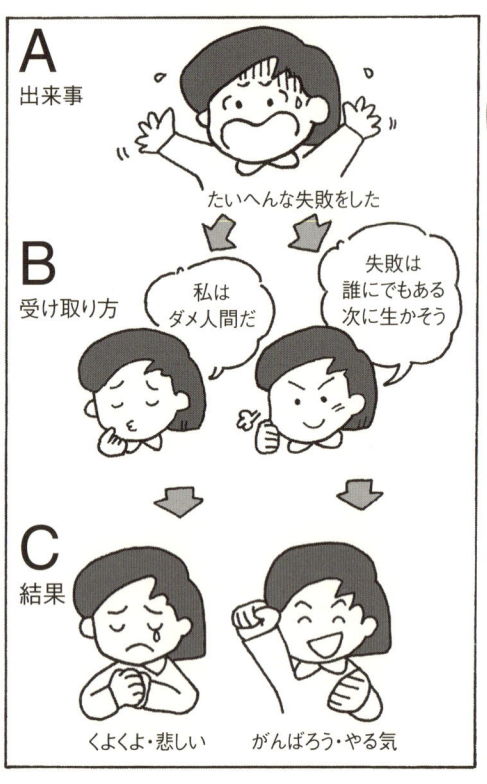

A 出来事
たいへんな失敗をした

B 受け取り方
私はダメ人間だ
失敗は誰にでもある　次に生かそう

C 結果
くよくよ・悲しい
がんばろう・やる気

同じ出来事でも受け取り方で感情が異なります
考え方をチェックしてみましょう

〈チェックのポイント〉
①事実に基づいた考え方をしているか
②論理性のある考え方をしているか
③幸福になる選択をしているか

■準備
・論理療法の説明プリント（P.70～71）
・記入用紙と筆記用具

■進め方
・4～5人組になる。
・いまの自分の悩みや不安や怒りについて，その元となっている出来事と感情を用紙に書く。
・1人ずつ発表をし，不安を引き起こしている考え方に無理はないか，不安を軽減する考え方にはどんなものがあるかをグループで話し合う。

■保護者の反応や感想
・子どもと話をしていて，腹が立ったり，情けなくなったりすることが多く，ストレスがたまることが多かったのですが，これからは少し考え方を変えてみることで楽になるような気がしてきました。
・自分は，不幸になる考え方に進む傾向があることに気づきました。

学級・学年で行うエクササイズ

## ■展開例　考え方をチェンジ

| 場面 | リーダーの指示（●）とメンバーの反応・行動（☆） | 留意点 |
|---|---|---|
| インストラクション | 1. ねらいを説明する<br>●今日は少しでも気持ちが楽になるという活動をしたいと思います。ねらいは「前向きになる考え方ができるようになろう」です。<br>●論理療法にABC理論という考え方があります。私たちは，くよくよ悩んだり，気が滅入ったりすることがありますが，それは出来事がそうさせるのではなく，出来事をどのように受け取り，どのように考えるのかによるのです。<br>●それでは4人グループをつくります。<br>2. デモンストレーションをする<br>●私が仕事を始めたばかりのころ，周囲からいろいろと指導を受けました。しかしそれを上手にこなせずに落ち込みました。そんなときに恩師から「さまざまな人の望むことに完璧に応えられる人はいない。自分なりにできることを精一杯やればいいのだ」と言われ，考え方が変わって，気持ちもずいぶん楽になりました。<br>●まず自分の悩みや不安に思っていることを書きます。その後，不安を引き起こしている考え方は何か，その不安を楽にするにはどう考えればいいかをグループで話し合います。 | ●保護者会を数回行い，保護者同士がある程度自己開示ができる関係になってから行うほうがよい。<br>●論理療法の説明プリントを配る。<br>●リーダーの指示で，できるだけ短時間でグループをつくるようにする。<br>●教師が自己開示をする。 |
| エクササイズ | 3. 課題を行う<br>●初めの3分間は，各自で自分の悩みや不安について，そして，その元になっている出来事と感情を用紙に書いてください。<br>●次に，さきほどの4人組になって，1人ずつ発表します。そして不安を引き起こしている考え方に無理はないか，不安を軽くするためにはどんな方法があるかを話し合います。時間は1人5分間です。<br>☆何を話そうかとまどっている。<br>●悩みの開示はできる範囲でいいですよ。<br>☆グループで話が停滞している。<br>●「だめなことである」と考える根拠を探してみてはどうでしょう。 | ●記入用紙を配る。<br>●時間はリーダーが計り，指示をする。<br>●5分ごとにリーダーが声をかけ，次の人に話が回るようにする。 |
| シェアリング | 4. 感じたこと気づいたことを語り合う<br>●感じたこと，気づいたことを5分間でグループで語りましょう。<br>☆少し考え方を変えると楽になるような気がしてきました。<br>●よかったですね。私は，仕事が「まだ半分も残っている」と考えるタイプでしたが，「あと半分しかない」と考えられるようになって，悩みも半分になったような気がします。<br>☆自分は，不幸になる考え方に進む傾向があると気づきました。<br>●そうでしたか。この論理療法で少しでもハッピーな方向に進めるように応援しています。 | |

出典:「考え方をチェンジ！」『エンカウンターで学級が変わる・中学校編1』『構成的グループエンカウンター事典』

# 考え方をチェンジ

論理療法とは,「考え方しだいで悩みが消える」という理論です。
これを上手に説明したのが,エリスのABC理論です。

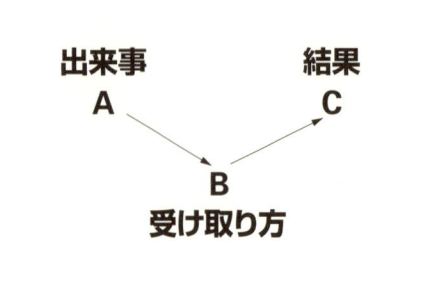

```
出来事        結果
  A            C
    ↘       ↗
       B
    受け取り方
```

Activating event
　原因となる出来事
Belief
　出来事に対する受け取り方
Consequence
　出来事に対して
　ある受け取り方をした結果

ふつうの人は「出来事（A）があるから,悩み（C）がある」と考えますが,
論理療法では「受け取り方（B）しだいで,悩み（C）が変わる」と考えます。

例）だれかが大きな音を立ててドアをバタンと閉めて出入りしました。（A）
　　「うるさいな」という不快感が生じました。（C）

⬇

いかにもドアの音が不快感を作り出しているようですが,そうではありません。
**「ドアは静かに閉めるべきだ」というビリーフ（B）があるから,嫌な感じがするのです。**

ためしに,ドアがバタンと鳴るたびに,目の前に1000円札が置かれたらどうでしょう。
5,6回で「これは,しめた」となり,不快感が快に変わります。
「ドアの音は1000円がもらえるサインである」と,Bが変わるからCが変わるのです。

---

仕事や人間関係のことで悩みをかかえている人は,
自分にどういうビリーフがあるのかを考えてみましょう。

---

出典：國分康孝（東京成徳大学教授,NPO日本教育カウンセラー協会会長）

人を悩ませるビリーフと，そうでないビリーフの違い
## 【3つのチェックポイント】

① 「事実に基づかない」ビリーフをもつ人は悩む

　例えば，「すべての人間に好かれるべきである」というビリーフをもつ人は悩みが多くなります。「すべての人に好かれるべき」というのは，世の中の事実に基づかないビリーフだからです。ありえないことだからです。

　これを「すべての人に好かれれば，それに越したことはない」というビリーフに変えれば，だいぶ事実に近づきます。魚屋の店頭で「魚屋でも大根を売るべきだ」というのではなく，「魚屋で大根を売っているなら，それに越したことはない」としておけば，あまり悩まなくなるはずです。

② 「論理性がない」ビリーフは人を悩ませる

　例えば，「ご近所とうまくいかない。だから私はダメな人間です」というビリーフをもつ人は，必要以上に落ち込むことが多くなります。「ご近所とうまくいかない」という事実があっても，そこから「ダメ人間です」という結論を導くのは論理性がありません。論理性がないとは，そう考える必然がないことを金科玉条のように信じ込んでいるということです。

　「ご近所とうまくいかない」という文章に対して，「ご近所づきあいの方法を変えてみよう」「近所づきあいの上手な人の行動を見習えばよい」というように，後半の文章はいろいろな可能性があるはずです。よりによって落ち込むような文章を選んでいるのは，自分自身であり，だれかが強制しているわけでも必然性があるわけでもありません。あくまで任意なのです。任意と必然性の区別がつかないのは，悩む人の第二の特徴です。

　近所づきあいが下手というのはコミュニケーションスキルが不得手だということで，その人の人間性がダメということではありません。パーソナリティとスキルは違います。

③ よりどりみどりの中から，幸福にならないビリーフを選択する人は悩む

　悩む人の3番目の特徴は，幸福にならない選択をするということです。

　例えば，お気に入りのジュースがボトルに半分入っているときに，「もう半分しかない」と思うか，「まだ半分ある」と思うかによって，その人の気分は大きく違います。「半分しかない」も「まだ半分ある」も，どちらもほんとうのことですが，どちらもほんとうなら，「まだ半分ある」とハッピーになる受け取り方を選ぶほうが得ではないでしょうか。

　悩む人というのは，よりどりみどりの中から，よりによって自分が不幸になるような文章を選んでいるのに，そのクセに気づかず，同じパターンを繰り返しているのです。

出典：國分康孝（東京成徳大学教授，NPO日本教育カウンセラー協会会長）

第2章　学級・学年でのSGEの活用

# 親子ロールレタリング

■ねらい
子どもの立場に立って手紙を書く過程を通して，自分を客観的に見つめ，子どもへの理解を深める。

■こんなときにおすすめ
懇談会や高学年の子どもをもつ保護者の子育て支援学習会に。

山宮まり子

**種類**
自己理解
他者理解

**時間**
30分

**集団**
中期

1. 親から子どもへ手紙を書く

　けんじへ
　あなたは天体望遠鏡を買ってと言うけれど…

2. 子どもになりきって返事を書く

のつもりで…

　おかあさんへ
　3年生のとき6年生になったら考えてあげると言ったのに…

　そういう気持ちだったのね

■準備
・手紙を書く用紙と筆記用具

■進め方
・2〜3人組になる。
・子どもについて，最近，気になっていることを，わが子宛ての手紙に書く。
・子どもの気持ちになって，手紙への返事を書く。
・感想を語り合う。

■保護者の反応や感想
・ふだん，子どものためによかれと思って声をかけているのですが，子ども側にしたら「自分で考えている！」と思っているのかもしれません。
・もう少し子どもの立場を理解した言葉かけも必要かもしれないと思いました。
・自分の言っていることはやっぱり正しいと思いました。

## ■展開例　親子ロールレタリング

| 場面 | リーダーの指示（●）とメンバーの反応・行動（☆） | 留意点 |
|---|---|---|
| インストラクション | **1. ねらいを説明する**<br>●子育てに休みはなく、日々ドラマの連続だと思います。私自身、子どもを自分の思いで一方的にしかってしまうことがよくあります。子どもの立場から考え直してみることで、子どもとよりよい関係を築けたらと願い、この活動をしたいと思います。<br>●では2〜3人のグループをつくってください。なるべくならふだん話したことがない人と一緒になってみてください。<br>**2. デモンストレーションをする**<br>●まず、わが子にあてて、いま一番気にかかっていることを手紙に書いてみましょう。たくさん書きたいことがあるかもしれませんが、3行ぐらいでお願いします。<br>●では、私がやってみましょう。「拓哉へ。このごろ家に帰ってきてもあまり口をきかないし、学校で何があったか気にかかっています。勉強とか友達とか大丈夫ですか？」。<br>●次に、その下に、自分のメッセージに対するお子さんの返事を自分で書きます。つまり、自分がお子さんになったつもりで書くわけです。「私（ぼく）は……」という形で返事を書いてください。<br>●例をあげると、「お母さんへ。べつに心配しないでください。忙しいだけで、ぼくは大丈夫です。何かあったらちゃんと話すから」というようにです。質問はありませんか。 | ●机を動かして2〜3人のグループになる。<br><br><br><br><br><br>●手紙の用紙を配る。 |
| エクササイズ | **3. 課題を行う**<br>●それでは始めましょう。初めに、宛名の欄にお子さんの名前を書いてください。<br>☆何を書いていいか浮かばない。<br>●面と向かっては言えないこともたくさんありますよね。手紙だと「このごろ元気がないですね」など聞きやすくありませんか。<br>●では次に子どもの気持ちになって書きます。下の段に「お母さんへ」と宛名を書いてください。この手紙をもらった子どもはどんな返信を書くでしょうか。5分時間をとりますので、下に書いてください。 | ●日常のことでよいことを伝える。 |
| シェアリング | **4. 感じたこと気づいたことを語り合う**<br>●感じたこと、気づいたことをグループで話してください。<br>●グループで話したことで、全体に伝えたいことがあればどうぞ。<br>☆もう少し、子どもの立場を理解した言葉がけが必要かもしれないと感じました。<br>●私も、一方的に子どもをしかることはなくなるかもしれません。<br>☆自分の言っていることは、やっぱり正しいと思いました。<br>●子どもの立場に立って冷静に考えてみても、親の言いたいことや考えが正しいと感じることもありますね。 | ●グループでの話し合いも、全体への発表も、共に時間は5分。<br>●グループ全員が話し合えるようにする。場合によっては、順番に話すよう指示をする。 |

出典：「気になるあなたへ」『構成的グループエンカウンター事典』『エンカウンターで学級が変わる・ショートエクササイズ集1』、杉田峰康『ロール・レタリングの理論と実際　役割交換書簡法』チーム医療、岡本泰弘『実践"ロールレタリング"いじめや不登校から生徒を救え！！』北大路書房

第2章　学級・学年でのSGEの活用

# 子どもに伝わるメッセージ
―私メッセージと13の禁止令―

■ねらい
親子の陥りやすいコミュニケーションパターンに気づくとともに，自分の子育てのあり方を見つめ直す。

■こんなときにおすすめ
PTAや父母会の学習会のテーマとして。

加勇田修士

**種類**　自己理解

**時間**　40分

**集団**　中期

黒板：「算数で10点取っちゃった」
→ 私メッセージ「がっかりだったね……」
→ あなたメッセージ「テレビばっかり見てるからよ」

（吹き出し）
・私メッセージのセリフを考えましょう
・いつも私はあなたメッセージかも
・「かくさないで話してくれてうれしいよ」はどうかしら？
・「お母さんもどうかなって心配だったんだ」って私なら言いそう

■準備
・シート1（P.76）とシート2（P.77）を人数分

■進め方
・4～5人組になり，着席する。
・シート1に取り組み，「あなたメッセージ」を「私メッセージ」に書き換える。
・グループで回答を比べながら，感想を話し合う。
・シート2を見ながら，「13の禁止令」と子育ての関係についての説明を聞く。
・感想を話し合う。

■保護者の反応や感想
・ものの言い方には，「あなたメッセージ」と「私メッセージ」があるって驚きでした。私はどちらが多いかしら。
・え，どうしてこの「あなたメッセージ」ではいけないのですか？
・「私メッセージ」って，使い慣れていないからむずかしいわ。
・知らないうちに，子どもにどんな禁止令を出しているのか不安になってきたわ。

学級・学年で行うエクササイズ

## ■展開例　子どもに伝わるメッセージ

| 場面 | リーダーの指示（●）とメンバーの反応・行動（☆） | 留意点 |
|---|---|---|
| インストラクション | **1. ねらいを説明する**<br>●私たちはふだん,「どんな子に育てたいか」ということをあまり意識して子育てをしていないと思います。でも実は,それを,子どもに,日々いろいろなメッセージとして出しているのです。<br>●今日は,前半では「私メッセージ」と「能動的な聞き方」を,後半では交流分析の「13の禁止令」について説明します。 | ●交流の輪を広げるために,できるだけ新しい人と4〜5人グループをつくる。 |
| エクササイズ | **2. シート1「私メッセージと能動的な聞き方」を行う**<br>●シート1の例題を見てください。テストの点数が悪くて落ち込んでいる子どもに,「(あなたが)テレビばっかり見ているからよ」と言うのは子どもが投げてきた白いボールを,赤いボールで打ち返しているようなものです。このような「あなたメッセージ」によるかかわりは,子どもにストレスを与えます。<br>●いっぽう,「がっかりだったね」「(お母さんは)次は大丈夫だと思うよ」というのは,子どもが投げた白いボールをそのまま打ち返していることになり,エネルギーを与えるかかわり方です。ポイントは,「私メッセージ」と「能動的な聞き方」をすることです。<br>●それでは,各自でシート1に取り組み,左の会話をエネルギーを与える言い方に書き換えてみましょう。<br>●互いのワークシートを比較し,その感想を話し合いましょう。<br>**3. シート2「13の禁止令」を行う**<br>●シート2を見てください。親が気づかないうちに子どもに発しているメッセージに「13の禁止令」があります。<br>●親が何でも先回りして問題解決を急ぐタイプの子育ては,子どもに自己決定力や判断力が育ちにくく,結果として「13の禁止令」の④⑥⑩のメッセージを伝えやすくなります。<br>●いっぽう,子どもが自分で問題解決する過程を重視して見守るタイプの子育てでは,自立した子どもが育ちます。<br>●知らないうちに親の望まない子どもに育ってしまうことを防ぐためのきっかけとして,これらを覚えておきたいと思います。 | ●シート1を配布。<br><br>●「あなたメッセージ」「私メッセージ」(P.117)「能動的な聞き方」(P.12　傾聴)について,説明する。<br><br><br><br><br>●グループを回り,ワークシートの作成状況を点検する。<br><br>●シート2を配布。<br><br>●手のかからない子どもほど大きな落とし穴があることを確認する。 |
| シェアリング | **4. 感じたこと気づいたことを語り合う**<br>●この時間を通して感じたことや気づいたことを語り合います。時間は5分くらいとります。始めてください。<br>●各グループで話し合った内容を,みんなに紹介してください。<br>　☆私メッセージを使うよう,家で努力したいと思います。<br>　●言い方を変えるだけで,子どもの行動がほんとうに変わります。<br>　☆知らないうちに禁止令を出していないか不安になりました。<br>　●大丈夫です。過程重視型の子育てをめざせばいいのです。 | ●エクササイズの続きではないことを確認する。 |

参考文献：トマス・ゴードン『親業』サイマル出版会, 杉田峰康『あなたが演じるゲームと脚本』チーム医療

第2章　学級・学年でのSGEの活用

## シート1　「私メッセージ」と「能動的な聞き方」

「あなたメッセージ」を中心にした会話文を，
「私メッセージ」と「能動的な聞き方」を中心にした会話文に書き換えてください。

(例題)

子ども：算数のテストで10点取っちゃった
親　　：テレビばっかり見てるからでしょ！
子ども：・・・・・

→

子ども：算数のテストで10点取っちゃった
親　　：10点だったの。がっかりだね
子ども：手を抜いちゃったから，次はがんばろうっと
親　　：悔しかったからがんばる気持ちになったのね
　　　　お母さんも次は大丈夫だと思うよ

1. 小学5年生のA君は，ある程度，家で勉強する習慣がついている。
　　ところが，あんまり宿題が多くて，何から手をつけようかとイライラし出した。

A君：もういやになっちゃうなあ！
　　　こんなにいっぱい宿題が出て！
　　　何からやっていいかわかんないよ！
親　：B先生の宿題？
A君：そうだよ！
親　：他の人たちだって同じ条件でしょ！
　　　しっかりがんばりなさい！
A君：そんなことわかってるよ。うるさいなー！

→

A君：もういやになっちゃうなあ！
　　　こんなにいっぱい宿題が出て！
　　　何からやっていいかわかんないよ！
親　：

2. 過去において，「あなたメッセージ中心」のエピソードを思い出し，
　　「私メッセージ」を中心にした会話に書き換えてみましょう。

---

1の解答例

A君：もういやになっちゃうなあ！　こんなにいっぱい宿題が出て！　何からやっていいかわかんないよ！
親　：どこから手をつけていいかわからないくらい宿題が出たんだね
A君：そうなんだ。B先生はいつもいっぱい宿題出すんだ。でも，仕方ない。やるか
親　：いつもブツブツ言いながらもよくがんばるね。お母さん，感心しちゃう

学級・学年で行うエクササイズ

## シート2　13の禁止令 (TA：Transactional Analysis)

　禁止令は,「〜するな」と,一般には非言語で伝えられるメッセージで,子どもが1歳前から8歳くらいまでの間に,親の無意識から子どもの無意識に向けて,言語だけでなく,生活態度を通して伝達されると考えられています。

　例）一流大学出身で一流会社に入って高収入なのに,まだ結婚できないサラリーマンM男さん。
　　　過保護な子育てで「成長するな」という禁止令のもとに育ったため,「ママのように何でも言うことを聞いてくれて,自分のわがままを受け入れてくれるような人」でなければ満足できない。

| 禁止令 | 禁止令を伝える親の態度　➡　子どもへの影響 |
|---|---|
| ① 存在するな | 望まれない妊娠・コインロッカーベイビー<br>➡「自分は愛されるに値しない,無価値で役に立たないもの」 |
| ② あなた自身であるな | 「おまえが男（女）だったら…」（男であるな　女であるな）<br>➡性的同一性が確立されず,トラブルを起こしやすくなる。 |
| ③ 子どもであるな | 小さいころから極端な自立を促す。早くに親を失う。人生の快楽をすべて悪とみなすしつけ。<br>➡大人になってから,ストローク不足によるさまざまな問題を生じやすくなる。 |
| ④ 成長するな | 過保護・過干渉の親から子どもに発されるメッセージ<br>➡強い共生関係。自立した大人の世界をもつことができない。 |
| ⑤ 成し遂げるな | 子どもの成功を素直に喜べない。「あなたはダメ」のストローク　➡大成できない子<br>親がすぐやり方を教える　➡依存的な子「途中できっとだれかが助けてくれる」 |
| ⑥ 実行するな | 「危ないからだめ」と,すぐに親に止められる　➡自発的な行動がとれない子<br>有言不実行の親の態度　➡考えるが実行しない人間 |
| ⑦ 重要であるな | 一生懸命考えたことに,「何をくだらないこと言ってるの」と言う。過小評価する。<br>➡大人になっても自信がもてない「だれも自分を認めてくれない」 |
| ⑧ 近づくな | スキンシップが少ない。まとわりつく子どもに「あっち行って」。裏側のメッセージ<br>➡「相手を信用してはいけない」 |
| ⑨ 健康であるな<br>　正気であるな | 争いの絶えない家庭。子どもが病気になると夢中で世話する<br>➡不健康を維持する（病気の中に逃げる）「病気であるほうがストロークをもらえる」 |
| ⑩ 考えるな | 素直な疑問に「そんなこと考えてはダメ」と言う。親が先回りして指示する。<br>➡判断力が身につかない。 |
| ⑪ 所属するな | 孤独感や疎外感をもっている親。「あんな人たちとは違う」というエリート意識。<br>➡ふつうの生活がバカバカしく思えて,仲間とつき合うことができない。 |
| ⑫ 感じるな | 自由な自己表現を禁ずる。とくに怒りや恐怖の禁止<br>➡情緒や感性の鈍い人間になる。冷たい対人交流。 |
| ⑬ 欲するな | 目的を達成するまで,欲求を抑えることを強いる。<br>➡自分の本当の欲求や感情を抑え込んでしまう。 |

〈子育てと禁止令の関係〉

●問題解決型の子育て　➡④（成長するな）,⑥（実行するな）,⑩（考えるな）など
　親が先回りして問題解決を急ごうとするタイプの子育て。親の過保護・過干渉が多いと,自己決定力や自己判断力が育たず,依存心の強い子どもになる。

●過程重視型の子育て　➡極端な場合は③（子どもであるな）
　一般的に,豊かな感情交流の伴ったコミュニケーションの中で,子どもの問題解決の過程を重視して見守ることを中心にした子育てができた場合は,情緒的に安定し,自立した子どもが育つ。

参考文献：桂戴作・杉田峰康・白井幸子『交流分析入門』チーム医療

第2章　学級・学年でのSGEの活用

# 全知全能の神ならば

髙橋光代

■ねらい
子育ての悩みから，保護者が自分に対して否定的になってしまう場合も少なくない。互いをサポートやケアする体験を通して，保護者の自己肯定感を高める。

■こんなときにおすすめ
懇談会も回を重ねた，気心の知れた小グループで。

**種類** 自己受容

**時間** 30分

**集団** 後期

（吹き出し）
- 私が全知全能の神ならばあなたの体の疲れを全部取ってあげたいです
- あなたの幸せな未来を見せてあげたいです
- 世界中のきれいな景色を見せてあげたいです

「私が全知全能の神ならば…」に続けてしてあげたいことを言っていく

■準備
・特になし。

■進め方
・よく知っている者同士で，4～5人組をつくる。
・グループの中の1人のメンバーに対して，ほかのメンバーが次々と「私が全知全能の神ならば，あなたに○○をあげたいです」と，相手にしてあげたいことを伝える。
・交代して全員が順に行う。
・感想を話し合う。

■保護者の反応や感想
・「ゆっくり休める時間をあげます」と言われ，いままで張りつめていた思いが一気にゆるみました。メンバーから贈られた言葉一つ一つから，自分が丸ごと受け入れられ，認められているという気がして癒されました。
・私は「ここぞというときに毅然と言える力をあげます」と言ったのですが，それは本当は自分が欲しいものだったと気づきました。

## ■展開例　全知全能の神ならば

| 場面 | リーダーの指示（●）とメンバーの反応・行動（☆） | 留意点 |
|---|---|---|
| インストラクション | 1. **ねらいを説明する**<br>●皆さんは，困ったり悩んだりしたときに，「こんな力があったらいいな」と思うことはありませんか。私も子育てのことで，こういうふうにできたらいいなとか，こんなふうになりたいなと思うことがあります。でも，なかなか自分の思うようにはいきません。そこで今日は，お互いに相手のことを思い浮かべ，相手にしてあげたいことを伝え合います。<br>●ねらいは「サポートやケアを体験して自己肯定的になる，自己盲点に気づく」です。<br>●気心の知れた者同士で，4～5人のグループをつくってください。<br>2. **デモンストレーションをする**<br>●1人のメンバーに対して，ほかのメンバーが次々と，「私が全知全能の神ならば，あなたに○○をあげたいです」と伝えます。<br>●例えば，「私が全知全能の神ならば，落ち込んだときでもプラスの考えができる力をあなたにあげたいです」という具合です。この言葉をもらったとき，私は子どもの進路のことでつらい時期だったので，ほんとうに救われた気持ちがしました。<br>●ポイントは，心を込めて真剣に伝えることです。 | ●関係性が深まってきているメンバー同士で行う。つまり，ワンネス（相手との一体感，相手の世界を相手の目で一緒に見るという接し方），ウイネス（相手の足しになることを何かするという，リレーションのもち方）があってこそできる。<br><br>●教師も自己開示する。 |
| エクササイズ | 3. **課題を行う**<br>●それでは，グループで順番を決めて始めましょう。<br>　☆何を伝えるかとまどっている。<br>　　●自分はどうかなと振り返ってみて，あげたいものをそのまま伝えればいいんですよ。<br>　☆言われたことをそのまま受け止めず，コメントをさしはさむ。<br>　　●いろいろな気持ちがわいてくると思いますが，いまは静かに受け止めましょう。 | ●教師は全体に広げたい話を吸い上げるため，各グループを回る。 |
| シェアリング | 4. **感じたこと気づいたことを語り合う**<br>●人からもらって感じたことや，人にあげて感じたことをグループで語り合います。時間は5分間です。始めてください。<br>●グループの中で出された内容を，みんなに紹介してください。<br>　☆介護の合間をぬって参加したかいがありました。ゆっくり休みたいという私の気持ちをわかってもらえただけでも癒されます。<br>　●ほんとうにそうですね。<br>　☆相手にあげたいというより，自分が欲しいものばかりが心に浮かんできました。<br>　●それでいいのですよ。 | ●エクササイズの続きではないことを注意する。 |

出典：「私が全知全能の神ならば」『究極のエンカウンター』

# 別れの花束

竹内紀子

■ねらい
1年間，一緒に同じクラスの保護者として，共に子育てを悩み，楽しみ，がんばってきた。そんな仲間との別れを惜しみながら，信頼をメッセージに代えて贈り合う。

■こんなときにおすすめ
最後の保護者会で。人間関係が深まってきた集団で。

**種類** 信頼体験

**時間** 40分

**集団** 後期

1. 感謝と信頼を込めてメンバーへメッセージを書く

   （広田さんが役員をしてくれたのでうちのクラスはすごくまとまりがありました）

2. 相手の背中にカードを貼る

   （1年間ありがとう）

■準備
・画用紙，ひも（人数分）
・付箋紙（1人あたり20枚）　・カラーペン
・BGM（歌のない静かなもの）

■進め方
・1年間を思い浮かべながら，その人のいいところや感謝したいと思ったことを付箋紙に書く。
・書いた付箋紙を相手の背中の画用紙に貼る。
・時間のかぎり，たくさんのメンバーに書く。
・もらったメッセージを読む。

■保護者の反応や感想
・このクラスで本当によかった。互いに支え合って，楽しく1年間を過ごしました。
・一言をもらうとき，どんなことが書いてあるのか，どきどきしました。
・このクラスの保護者の方とお別れするのがさびしいです。

学級・学年で行うエクササイズ

## ■展開例　別れの花束

| 場面 | リーダーの指示（●）とメンバーの反応・行動（☆） | 留意点 |
|---|---|---|
| インストラクション | 1. ねらいを説明する<br>●今日は最後の保護者会です。名残惜しいですが、このクラスの保護者としてのつながりは、いったん終わりになります。今日はお別れの前に、互いへの感謝の気持ちや信頼感を言葉にして伝え合いましょう。<br><br>2. デモンストレーションをする<br>●こんなふうにやります。佐藤さん、協力をお願いします。佐藤さんは△組の役員がなかなか決まらなかったときに、『私、やります』と手をあげてくれました。あのときはほんとうにうれしかった。積極的にみんなのために行動してくれて、ありがとうございました。<br>――佐藤さんの画用紙に、メッセージを書いた付箋紙を貼る。<br>●付箋紙を配りますので、右下に自分の名前を書き、贈りたい相手を思い出しながら、いちばん伝えたい言葉を一言書きます。書いた付箋紙は、内容を見せないようにしながら、相手の背中の画用紙にそっと貼ります。<br>●この繰り返しをします。最高20枚まで書けるように用意してあります。何枚取り組んでもけっこうですが、時間の制限があります。時間は20分間です。何か質問はありますか。<br>●全員が多くのメッセージを受け取れるように、貼られているカードの枚数に配慮していただけると助かります。 | ●別れのさびしさを自己開示しながらも、前向きにインストラクションする。<br><br>●PTA役員の人などに協力してもらう。<br><br><br><br><br>●付箋紙を配る。<br>●画用紙は、洗たくばさみで衿にとめてもよい。 |
| エクササイズ | 3. メッセージを書いて、貼る<br>●それでは、始めましょう。<br>　☆書くことを迷っている。<br>　●メッセージをもらえただけでもうれしいものですよ。<br>　☆不安そうにしている。<br>　●相手の人に日ごろ感じていたポジティブな印象を、この際、伝えてみたらよいと思いますよ。<br><br>4. メッセージを読む<br>●背中の画用紙をはずして、書いてもらった言葉を読みましょう。3分間、メッセージを静かに味わいましょう。 | ●BGMを静かな音量で流す。終了の時間になったら音量をゆっくりと下げる。<br>●教師は全体の様子を見て回る。 |
| シェアリング | 5. 教師が感じていることを話す<br>●この学級のことではないのですが、以前に教師として私の意見が受け入れてもらえず、つらいときがありました。そのとき、参加した研修会でもらった別れの花束を家の壁にはり、毎日読んでいたものです。もらったメッセージは、私のパワーの源泉でした。 | ●メンバー同士のシェアリングはせず、オープンエンドにする。 |

参考文献：「別れの花束」『構成的グループエンカウンター事典』『エンカウンターで学級が変わる・小学校編1』『同・中学校編1』,國分康孝『エンカウンター』誠信書房

# 保護者会で役割遂行

原田友毛子

■基本のコツ
役割を通した保護者の交流を促進する。

## 役割遂行のねらい

　保護者のネットワークをつくるために，保護者会を単発で終わらせないで，年に数回のチャンスを系統立てて，グループの成長に合わせながら構成的グループエンカウンター（SGE）ができれば理想的である。その際，保護者会の初回の取組みとして，SGEの「役割遂行」を取り入れることを提案したい。

　集中的グループ体験としてのSGE宿泊ワークショップでは，会期を通じて必ず一人一役，何らかの役割を担うことになっている。これは会の運営をスムーズに行うというだけでなく，役割を通じたメンバーのリレーション形成にも一役かっている。この原理を保護者会にも取り入れたいのである。

　役割といっても特に目新しい係ばかりではなく，通常は気を利かせた一部の保護者が率先して行っているような内容のものも含まれる。しかし，昨今は「出すぎていると思われるのではないか」「あまりやる気をみせると役員が回ってくるのではないか」等の心配が先に立ち，保護者が自由に行動できていない状況も見受けられる。そこで，自発性に任せるだけでなく，役割の取り方についても一定の枠組を与えてしまおうというわけである。

## 役割遂行のもつ3つの側面

　役割遂行を取り入れるということは，保護者会を運営するにあたって，実務的な活動をみなで分担するということを意味する。しかし，現実の保護者会は教師主導であり，実務的なことは役員さん任せであったりするのではないだろうか。毎年，役員さんがなかなか決まらないというのも，そのような分担の偏りが原因になっているとも考えられる。そこで，できるだけたくさんの保護者に，その場での役割を担ってもらうことを提案したい。

　國分康孝は，役割遂行には以下の3つの側面があると述べている。

　①第一に，役割を遂行することによって，いままで気づかなかった新たな自分の側面に気づくということである。自分の隠された役割（hidden role）の発見の例は，司会係をしたら意外に人前でも話すことのできる自分を発見した，レク係をしたら意外に「子ども心」を出せる自分であったなどである。

　②第二に，役割を通して他者とのコミュニケーションを取る必然が生まれるので，引っ込み思案であると思っている人も，役割として抵抗なく人と接しやすい。

　③第三に，実務の公平分担という意味がある。また役割をきっかけにして知り合いが増えたり，集団としての意識が高まったりして運営がスムーズになることが期待できる。

　このようにわが子のクラスの保護者同士という縁を大切にしながら，役割を通してさま

ざまな自己を発見・理解することができれば，とても価値あることだと考える。

**どんな係をいつ決めるか**

保護者懇談会は授業参観の後に行われることが多いので，その場合，あらかじめ係名・仕事内容・必要人数を模造紙や小黒板に書いておき，それを廊下に掲示しておくとよい。授業参観中や子どもたちが帰りの会をやっている間に，自分のやりたい係に記名してもらうことができる。

こうした取り組みは，1クラスだけが行うと「なぜ？」という疑問が保護者から出てくるので，学年全体で行えることが望ましい。事前にクラス便り・学年便りなどで知らせておくのも協力を得やすい。

お知らせを出す際は，授業参観でのお願いとして，「老婆心ながら，会話については授業や帰りの会中の子どもたちに聞こえない程度の音声でお願いします」などと，具体的に書いておくとよい。「お静かに願います」という言葉は，忠告を含んでいるようであまり印象がよくない。

次ページに，SGEの宿泊ワークショップを参考に，保護者会で設定することが望ましいと考えられる役割を示しておく。実際には，クラスの保護者の実情に応じて柔軟に対応するとよい。

初日の保護者会で決めた係は，1年間固定する場合と，保護者会ごとに新しく設定する場合とが考えられる。これもクラスの実情に合わせて柔軟に対応するとよい。

**さいごに**

懇談会が始まったら，教師は必ずどの役割にだれがついたかを最初に確認する。

「今日はお忙しいなかお越しいただいてありがとうございます。ところで今回から役割遂行ということで，ご協力いただいていますが，この表にしたがって挙手していただいてよろしいでしょうか。では，受付係さん……」という形で確認する。同じ係の人同士の顔合わせになるし，仕事をかって出てくれたことへのねぎらいになる。受付係は懇談会開始前に仕事が終わっているので，そのことも紹介する。

また，兄弟姉妹の学級と行き来する場合に配慮し，「今日は保護者会の掛けもちをされる方もあると思います。どこの係にもお名前を記入していない場合も，どうぞお気になさらないでください」等の言葉を忘れないようにする。

懇談会が始まったら，ワークシートを配るときには「学習係さん，お願いします」，机の陣形を変えるときには「環境係さんが中心になってお願いします」などと，それぞれの係の出番を忘れずに指示する。

懇談会の最後には「役割を担ってくださって，大変ありがとうございました。少し無理をしながらがんばってくださった方もおられたのではないでしょうか。そのときに感じたこと・気づいたことなどを大切にしていただけたらと思います。この後，しばらく教室におりますので，お話のある方はご遠慮なくおいでください」と締めくくる。

| 保護者会でのおもな役割とその内容 |

【受付係】廊下などに設置した出席者名簿の所で，来た保護者に名前を聞き，名簿に印を付ける。そして，名札（筆者のクラスでは胸に掲示できる大きめの名札を準備している）を手渡す。時間に遅れてくる方に関しては，各自で名簿に記入してもらう。

【司会係】保護者会のはじめに，「皆さま，こんにちは，これから○年○組の保護者会を始めます。初めに点呼係さんから点呼をお願いします」というように口火を切る。予定に従って，途中の進行を行ったり，会の終了のあいさつも行う。

【点呼係】司会係を受けて，「今日出席の方の人数を確認したいと思います。少しゲーム性を取り入れた形の点呼をしますので，ご協力お願いします」とインストラクションする。そして，短い時間で簡単なふれあいができるように工夫して点呼をする。

例えば，「皆さんの出身地ごとに手をあげてください。○○市内の人，□□県内の人，関東地方の人，関西地方の人，中国・四国・九州・沖縄の人，中部・北陸の人，東北・北海道の人，外国の人，はい合計で△△人です」といったものである。このやり方は，同郷や同窓の人と出会えるきっかけになることがある。

また「皆さんが好きな季節はいつでしょう。春の人は高橋さんの所，夏の人は山田さんの所，秋の人は小林さんの所，冬の人は鈴木さんの所です。では，それぞれ担当の人は人数を教えてください」などと行う。

※この係は事前に打ち合わせが必要なので，昨年度の役員さんなどに相談して，初回のリーダーになってもらうとよい。

【学習係】保護者会のあいだに使うワークシートや筆記用具・小物等の配布をする。回収なども，率先して行う。

【環境係】教師からどのようにするのか指示を聞いて，いすや机の移動をして，保護者会場の設営をする。最後には現状復帰をする。

【音楽係】エクササイズの最中に音楽が必要な場合には，指示に従ってＢＧＭを流す。また懇談会終了後には個別面談を希望する人が多いので，順番を待つ間に静かなＢＧＭを流してもらうのもよい。初回は教師が曲を用意するが，その後は音楽係推奨の曲を準備してもらうことも一工夫である。

さまざまな場面での活用

保護者へのお願いの仕方の例

保護者会の役割遂行について

　子どもたちは毎日，自分の決めた係にがんばって取り組んでいます。そこで，今回の保護者会では保護者の皆様にも役割をお願いしようと計画しました。このねらいは3項目ほど考えています。

　①役割を遂行することによって，いままで気づかなかった新たな自分の側面に気づくことがあるかもしれない。例えば司会係をしたら意外に人前でも話すことのできる自分を発見した，レク係をしたら意外に「子ども心」を出せる自分であったなどです。
　②役割を通してのコミュニケーションが生まれる。初対面の人と話すのが苦手でも，役割だからと思えば気が楽です。
　③仕事は皆で分かち合いましょう。同じ係同士で友達の輪が広がるかもしれません。

　いかがでしょうか。上記のねらいからすると，いつも親しくしている同士ではない方ともお近づきになれるといいですね。また，自分が「苦手だな」と思っている係に思い切って挑戦なさるのもすてきです。ご協力よろしくお願いいたします。

●ご希望をお書きください。

| 係　名 | 内　　容 | 募集人数（目安です） |
|---|---|---|
| 受付係 | ・いらした方に一声かけ，名簿に○をつける。<br>・名札を手渡す。 | 3名程度 |
| 司会係 | ・最初の口火をきる。<br>・今日の予定に従って，途中の進行をする。<br>（こちらで合図しますので安心してください）<br>・閉会のあいさつをする。 | 3名程度 |
| 点呼係 | ・出席者が何人であるかを知るために，ゲーム性を取り入れた形の点呼を行う。どのようにするかは，事前に打ち合わせてあるが，当日のサポーターが必要。 | 5名程度 |
| 学習係 | ・ワークシートや筆記用具・小物等の配布をする。<br>・回収する。 | 4名程度 |
| 環境係 | ・椅子や机の移動をして，保護者会場の設営をする。最後には原状復帰をする。 | 他の係に入っていない方 |
| 音楽係 | ・BGMを流すためにCDデッキの操作をする。<br>（指示があります） | 2名程度 |

# 保護者面談

加勇田修士

■基本のコツ
問題解決を急がない。十分に不安を受け止めてから，共に子どもの現在を確認する。

　面談で，保護者が教師に訴えてくる「困った問題」には，次の2つの側面がある。
① 「困ったこと」として，いまのつらい状況から早く抜け出したい。
② この問題に真正面から取り組み，乗り越えることで，子どもに大きな自信が湧き，成長へのステップになることを期待している。

　保護者は，①の面を強調して「何とかしてください」と教師に訴えてくるケースが多い。しかし当面の問題を解決することばかり焦らず，②の面にも焦点を当て，子どもの自立と成長のために学校と家庭との連携がきわめて重要であることを強調することが大切となる。

　問題解決のための保護者との面談では，信頼関係をつくることから始め，問題の所在を明らかにし，問題への対処の仕方を共に検討していくのが基本的な流れである。

## 傾聴が不安をやわらげる

　保護者は問題の中に巻き込まれていて，不安でたまらない状態にある場合が多い。まずはひたすら聴くことでその気持ちを受けとめ共有していくと，ホッとする表情がでてくる。

　相手が自由に語れるように「どうしましたか?」などのオープンクエスチョン（開かれた質問）を中心に使って，思いっきり保護者に話させることが効果的である。教師は保護者に共感しつつも，問題に巻き込まれない姿勢と問題対処への道筋をもっているような雰囲気を出しながら，安心感を与える対応を心がける。

　留意点は，ひたすらに聞くことである。自分が責められているように感じて教師がつい説明や言い訳をしてしまうと，保護者は十分に聞いてもらえた感じがしない。ひたすらに傾聴しながら，保護者の言葉，感情，考えをフィードバックすることで，気持ちが落ち着き，考えが整理されてきて，リレーションが深まる。受容・繰り返し・明確化・支持・質問の傾聴技法を押さえておきたい。

　すべてを話し終えるころには，保護者にも落ち着きが出てきて，教師の話を聞く余裕ももてるようになる。こうなれば，次のステップに入る条件が整う。

## 作戦会議（コンサルテーション）

　問題についての話し合いは「作戦会議（コンサルテーション）」という意識で臨む。親はその子の専門家として，教師は学校教育の専門家として，お互いに対等の立場で話し合うという意識が大切である。

　まず現在地の確認のために，保護者の訴えに耳を傾け，家庭での状況を把握する。次に学校での現状を話して理解してもらう。その他，各種検査や面接を通して得た情報も加味

して総合的に現状を判断する。

アセスメントが終わり，具体的な援助方針，援助方法について保護者と話し合う段階になると，「親には親の責任として，わが子を何とかしてあげなければならないという強い責任感がある。しかし，どういうかかわり方がベストであるという確信はなく，やらないよりはましだから，あるいは口を出さずにはいられない」などの心境が，保護者の口から語られ始める。

「どういうかかわり方がベストであるか」が話題になったときには，子どもの問題を理解するための背景としてマズローの欲求階層説（P.114参照）を紹介し，「お子さんの場合，どの欲求レベルにいると思いますか」と質問することにしている。

マズローの欲求階層説は，人間の欲求には5つの段階があるとするもので，①生理的欲求，②安全の欲求，③愛情と所属の欲求，④承認と尊重の欲求，⑤自己実現の欲求のうち，下位の欲求が満たされることで，はじめて上位の欲求が生じてくると考えられている。

ほとんどの場合，親は，いま子どもは③愛情の欲求か，④承認の欲求の段階にいるのではないかと考える。しかし，私は「お子さんは，②安全の欲求が満たされていないのだと思います」と伝える。

すると，びっくりした親が「私は虐待などしていません」と反論してくる場合がある。それに対して，「子どもが心理的に葛藤しているということは，そこには何らかのストレスがあるということであり，学校や家庭は子どもにとって安心していられる居場所になっているとはいえないのです」「居場所になっていなければ，夜遊びに出るか，自分の部屋に閉じこもるしかないのです」と説明すると，子どもをどうにか動かそうとするよりも，まずわれわれが子どもにエネルギーを与える存在になる必要があることに気づいてもらえるようになる。

### 3つのお願い（環境調整）

子どもへのかかわりが，ストレスを与えるものになるか，エネルギーを与えるものになるかは，次の3点をどれだけ実践できるかにかかっている。そこで，面談のおみやげとして，これらを「3つのお願い」として保護者に伝える。

①子どもの人生は子どもが主人公であることの徹底（何事も先回りしない。子どもより先に口をきかない。質問・命令口調はやめる。必要最小限の会話）

②大人の価値基準を優先させるのではなく，子どもの世界を子どもの目で見る姿勢で，子どもが話してきたら真剣に聞く（片手間でなく子どもの方を向いて。評価はしない。そのままフィードバックするだけ）

③子どもが試行錯誤することを認める（失敗や試行錯誤を通して子どもは自立していく。悩むことを支持する。子どもと共に揺れ動くように心がける）

われわれ大人は，子どもの幸福のためという大義名分のもとに，強引な指導を繰り返してしまうことが多い。まず母性原理で子どもの本音を受けとめ，リレーションが深まってから私メッセージ（P.117参照）で父性原理を発揮するという基本の道筋を，保護者と確認して面談を終了する。

参考文献：トマス・ゴードン『親業　新しい親子関係の創造』サイマル出版会，「実践に役立つ用語シリーズ」（日本学校教育相談学会会報16号より抜粋）

# 家庭訪問

原田友毛子

■基本のコツ
保護者との信頼関係を取り結ぶことがすべての基礎。

　家庭訪問には，全児童の家庭を対象に行うものと，なんらかの事態が生じたときに問題解決をめざして行うものの2種類がある。

**全校児童への家庭訪問**
①日程の調整は誠意をもって
　教師を迎えるために，保護者は仕事やさまざまな用事を差し繰って準備する。「都合のつかない日時をお知らせください」という手紙は，できるだけ早く配付するのがよい。日時の決定に当たっては，兄弟姉妹で時間が重ならないようにするとか，同じ日にしてほしいなどの要望に答えられるように学校内の連携を密にする。願いを受け入れてもらえたという事実は信頼関係を築く第一歩となる。
②事務的にしない
　せっかく家庭訪問をするのだから，あいさつして「時間ですから」と帰ってしまうのは惜しい。保護者から「おあがりください」と言われたのにかたくなに入室を拒むのも，先生がお客さんに来てくれたと喜んでいる子どももがっかりさせてしまう。
　子どもの学習環境を見せてもらえるのは意義が大きいので，「部屋を見てほしい，見てもよい」と子どもと契約できた場合には，見せてもらう。その際「よく片づいているね」などのねぎらいの言葉をかけたい。
　諸般の事情で家庭以外の場所で面談する場合，そうせざるを得なかった保護者の心情を汲み取り，子どもの話題を中心に話し合う。
③子どものポジティブな側面を伝える
　保護者は，子どもが学校でうまくやれているか，勉強が遅れていないかなどと心配している。ポジティブな側面やそのエピソードを具体的に伝えられるように準備しておく。課題はさらっと話し，保護者とさらに話したい場合には，その旨を伝えて後日に設定する。「気になることがありましたらいつでもご連絡ください」と，これからも連携していきたい気持ちが伝わるようにする。

**課題解決をめざした家庭訪問**
　児童の家庭へ電話で連絡するより，面談したほうがよいと判断した場合には，管理職に報告しつつ家庭訪問を準備する。まず子どもに家庭訪問することを話し，次に電話で家庭の了解を得てから出かける。
　事実をできるだけ正確に伝え，子どもの立場に共感しながら面談を進める。即答できないことや無理難題と思われるような要求があった場合は，「私の一存では決められないので，相談のうえ，こちらからご連絡します」という形をとる。誠意ある対応で，信頼を得ることが重要である。

さまざまな場面での活用

### こんなとき1　保護者からの「うちの子どうですか？」

　面談で保護者が、「先生、うちの子、ちゃんとやってますか。皆についていけてますか」などと尋ねてくる場合がある。たとえ担任してから間もなく、詳しいことがわからなくても、そっけない返事は避ける。保護者には何か話したいことがあるのである。

　「どうしてそう思われたのですか？」と尋ねると、「実は……」と、それにまつわる事実を語ってくれる。

　もちろん、教師から「○○君は、先日けがをした子にやさしくしてくれたということで友達MVPに選ばれましたよ」などのポジティブな情報を伝えられれば、保護者も安心するし、子どもは家庭でもほめてもらえる。

### こんなとき2　保護者の攻撃的にもとれる言動には

　なにか問題が起こったときに、保護者はどうしてもわが子をかばおうとする。「うちの子はそんなことはしないはずです。だれかに言われてしかたなくやったのです。先生方は見ていなかったのですか」などと、こちらの話に耳を傾けてもらえずに問題がこじれてしまう場合がある。

　このようなとき、教師は保護者の感情に巻き込まれないように、私メッセージ（P.117）とリフレーミング（P.66）で返すとよい。感情的にならずに教師の気持ちを伝えられるし、保護者にとっては教師が自分の言動をどう受け止めているのかがわかりやすくなる。保護者の言動はやわらかくなるはずである。

# 学級通信

髙橋光代

■基本のコツ
日常的な自己開示の場として、双方向のふれあいをめざす。

**学級通信は担任の自己開示の場**

　保護者は、子どもの担任に大きな期待と関心を寄せている。担任の考え方や指導法、授業などに注目している。だから、学級経営方針や諸々の出来事に対する担任の考え方について、保護者会だけでなく、学級通信でも十分に説明していくことが必要である。どのような学級をつくろうとしているのか、具体的に自分の考えを書いて、担任の考えを知ってもらうようにしたい。

　また、構成的グループエンカウンター（SGE）の自己開示の精神で、担任のパーソナルな一面が伝わる記事も載せていくとよい。担任の人柄や価値観が伝わり、子どもも保護者も教師への親近感をもつことができる。

**コミュニケーションの潤滑油として**

　学級通信はともすると教師側からの一方的な内容に終始しがちである。担任と保護者、保護者同士のコミュニケーションを深める手段としても大いに活用したい。電話連絡や家庭訪問、学級懇談会や保護者会の折に聞いた、子どもへの接し方や努力していることなどについて、学級通信で話題にするとよい。

　また学級通信では、子どものよさについてぜひふれたい。それには、ふだんから児童一人一人について、さまざまな視点から、子どものよさを一つでも多く理解しておくことが必要である。わが子の肯定的側面が掲載された通信は、保護者にとって自分が肯定されたように感じられてうれしいものである。それは家庭で子どもをほめるという行動につながる。子どもたちは、「またがんばろう」と学校生活への意欲が高まる。このように、プラスの循環が生まれていく。

　留意点として、学級通信には全員が均等に掲載されるよう配慮したい。1年間、わが子が一度も取り上げられない保護者は悲しい気持ちになる。反対に、あまり頻繁に載っているのも肩身が狭い感じがするものである。

**SGEとリンクさせて**

　授業で子どもたちにSGEを行うのと合わせて、その目的や教師の願い、児童の様子や感想などをあわせて学級通信に紹介すると、子どもと保護者により深く理解してもらえる。可能であれば、通信を読んで感じたこと、気づいたことを、本人の承諾をとって載せると、思いを共有するという点でも有効である。

　学級通信にSGEのことを書くのは、教師にとっても振り返りの機会となる。実施のタイミング、エクササイズの選定、事前の準備、インストラクションの仕方、雰囲気づくり、デモンストレーションや自己開示の程度、エクササイズやシェアリングの展開等について、自己点検のチャンスになる。

さまざまな場面での活用

## 学級通信の例

### 水車日記 NO.2　200●.●.●

先週の入学式の準備では椅子出しが大変スムーズで皆が真剣な表情やってっていた姿は感動的でした。さすがです。今週もたくさんの行事がありますね。学校の中心となって，皆さんの力を集結して頑張っていきましょう。学級目標に定めたように「笑顔いっぱい」を忘れずにね。

＜今週の予定＞

| 日時 | 内容 | 準備するもの |
|---|---|---|
| 10日 | 健康診断 | 体育着 |
| 11日 | 給食開始 | 給食セット |
| 12日 | 学力調査 | 実力 |
| 14日 | 委員会 | 実行力 |

※行事が多いので，時間割が変更になることがあります。

ある人から，「先生，何のために水車日記を始めたのですか？」と質問されました。水車日記のめあてについては，第1号で3項目をうたってあります。しかし，その人の言いたかったことは何となくわかったので，「何で始めたのか」と，昨日は何回か自分に問いかけてみました。

そこで結論。原田先生は6年●組のみなさんが大好きなんですよ。みなさんが4年生の時は，音楽や算数や習字などで楽しい思い出をたくさんつくってきました。大好きなみなさんと，またこの学級でいい思い出をつくりたい，卒業までの日々をみなさんといっしょにていねいに過ごしたい，ということ。「みんなのことが大好きだよ！」って伝えたいのです。それを伝える手段がこの日記です。

#### きのこ先生のつぶやき

「過去と他人は変えられない」という言葉を知っていますか？　過ぎてしまったことは変えられないし，他人はなかなかこっちの思うようにはなってくれない（教育という分野ではなくね）という意味です。

変えられるのは，未来と自分。自分を変える時，こんな考え方はどうでしょう。アメリカのアルバート・エリスという心理学者の提唱した「論理療法」というものです。それは，自分の身の回りに起こったできごとは，自分の受け止め方次第で，幸福にも不幸にもなる，というものです。

例えば『大人なのだから，身長は150センチ以上あるべきである』と考えたら，きのこ先生はつらくなってしまいます。それを『150センチ以上あるに越したことはないが，小さいと動きやすくて便利』と考えたら，きのこ先生はほっとします。そんな風に『～べきである』を『～に越したことはない』という具合にゆったりと考えるのです。ねっ。

### 水車日記 NO.4　200●.●.●

昨日の「わたしたちのお店屋さん」というエクササイズでは，とても有意義な時間をすごせたと思います。時間にしたら20分程度でしたが，その中でみなさんが実に多くのことを学んでいたことが，振り返りシートの中から伝わってきました。紙上シェアリング（わかちあい）ということで，おもだった感想をここに紹介しますね。（明日のNO.5にも続く）

＊新しくせき替えをしたばかりだったけど，みんな協力して早く終わらせることができました。協力的に自分の情報を言うことができたし，この学習，かなり手ごたえがあったので，とても楽しんでできました。このようにいつも（協力）できるといいかなと思いました。今日学んだ事は，みんなで協力すればなんでも（？）できるし，班をまとめる事も大切だということです。
＊さっき②で一番協力的だったのは『自分です！』と答えましたが，皆の協力があったからこそ言えるのだと思います。皆と協力することはとっても大切だということが，今日の学習を通して改めて感じました。
＊だんだんわかったのが良かったし，達成感がすごかった。
＊言葉だけで伝え合うことは，とてもむずかしかった。でも，とても楽しくてまたやりたいと思った。特に「○○と○○の間」という言葉はむずかしかった。
＊じょうほうを入れていったらできた。たのしかった。
＊こういうのは楽しくていい勉強になると思う。協力すれば解けることを学びました。
＊皆で協力して取り組めた。けっこうむずかしかったが，一応解決できてうれしかった。皆で協力すればけっこうなんでもできる。
＊みんなで力を合わせた。とてもおもしろかった。もっとやりたいよ～。
＊みんなで協力してチームワークを高めることが大切だと思った。ちょう楽しかった。
＊あの手のパズルは好きなので，とても楽しかった。

#### きのこ先生のつぶやき

エクササイズのやり方を説明し，用具を配布して，スタートしてからの7分間。みんなの目の色がみるみる輝いてきて，そのうち，メンバー全員が「お店屋さん」のワークシートに向かって前傾姿勢になる。いすの上にひざ立ちになっている班もある。一人残らず課題に向かって集中しているのがわかる。コミュニケーションが白熱していく。

それぞれの班の様子を観察しているうちに，きのこはわくわくし，うれしくて仕方なくなってきた。上質な時間を共有している喜びというのかな……。教職生活の中で，こうした瞬間にたまに出会う。「わたしたちのお店屋さん」は，空間認知力のアップとともに，「協力して課題を解く」という人間関係スキルを体験的に学ぶことをねらいとしていた。はからずも，振り返りカードには後者のことがたくさん書かれていた。さすが，みなよい感性である。

それにつけても惜しいのは，ビデオを回しておかなかったこと。あの真剣で夢中な表情の数々は記録に残しておく価値があったのに。ああ残念。

引用：原田友毛子先生の学級通信より一部改変

第2章　学級・学年でのSGEの活用

**若手教師の保護者会体験記①**

# 保護者からも支えられる学級経営をめざして

本田真一

　学級経営において一番大切なことは,「どんな子どもを育てていきたいか」を「自己開示する」ことだと学んだ。私は「子どもたちの心をより豊かに育てる」ということに柱をおき,それを保護者と子どもに伝えるように努めている。

　子どもたちの心を豊かに育てていくうえでポイントとなるのは,保護者と連携し,「家庭と学校で協力して子どもを育てていくこと」である。連絡帳や電話での連絡はもちろん,懇談会も保護者との信頼関係を結ぶ大切なコミュニケーションの場の1つになる。保護者は大切なわが子を預けるのであるから,懇談会では当然,担任教師の技術や情熱が試されるのだが,経験がまだ浅い自分に対して,保護者が不安になるのも当然だろう。

　1度目の懇談会は,緊張してうまく口も回らない状態だったが,自分の出身地や趣味など自分自身のことについて話すことで,多少は気が楽になり,学級全体の様子や子どものことについても話すことができた。子どもの心を豊かにしていきたいと,教育方針について話すことで,担任を知ってもらうことができた。

　2度目の懇談会からは,保護者の考えを聞いて学級経営に生かしていこうと考え,リレーションづくりのミニゲームをしたり,エンカウンターのエクササイズを用いたりした。ふだん子どもたちがしているような話し合いの場を設け,「清潔な教室を保つためにどういう方法を取ったらいいか」というテーマで,グループごとに保護者からアイデアを出してもらった。保護者同士も徐々にうち解けていき,会話のしやすい雰囲気が生まれ,子どもについてより深い話し合いをすることができた。また,このときの話により,保護者が自分の子どもへの対応の仕方を変えたり,教師も保護者からのアドバイスを取り入れたりすることができ,よりいっそうクラスとしてまとまり成長することができた。学年の最後には,保護者から「先生もずいぶん教師らしくなられましたね」とあたたかい言葉をもらい,教師として自分も成長していることを感じて,子どもの心に何か残してあげられたことがなによりもうれしかった。

　「自分に何ができるのか」と落ち込む日々もあったが,いまの自分にしかできないことを必死に探り,いろいろな方々の力を借りて子どもをよりよく育てていく方法を考えることが初任者の務めだと思うようになった。自分の思いをしっかり伝えて子どもへの思いを共有することで,保護者からも支えられていると感じることができている。

若手教師の保護者会体験記②

# 都会の保護者って恐い？？

藤村誠毅

　田舎の山奥にある小さな小学校で臨時任用教師として働いていた私に，神奈川県川崎市から採用通知が届いたときのこと，職場の先生方との会話の中で「都会の保護者って恐いらしいよ」という話題になりました。「教師がノイローゼになるとかいうよ」「ドラマでもそんなのやっているね」（そのころモンスターペアレンツのドラマが放送されていました）「田舎とはやっぱり違うんだよ。藤村さんも注意しないと」などの言葉に，根っからの田舎者の私は「都会っておっかないところだ」とビクビクしながら上京してきたのでした。

　そんな私にとって，保護者が一堂に会する懇談会がどれほど恐かったのかということは言うまでもありません。忘れられない初めての懇談会。緊張と恐怖で「とにかく早く終わってほしい」とばかり考えていました。その結果，自分の話もうまくまとまらず，保護者に話してもらう機会もつくれないまま終了！　なんと，保護者の自己紹介すらしてもらわなかったのです。終わった後の雰囲気はほんとうにひどいもの。どの保護者も無言で教室から立ち去り，だれもいなくなった教室で，「こんな懇談会ではいけない」と感じました。

　「失敗を繰り返さない！」と臨んだ2回目の懇談会の前に，指導教官から「アイスブレーキングをやったほうがいいよ」とアドバイスをもらいました。場の空気を和らげることができることは知っていましたが，「保護者から遊びととられないだろうか」という不安もありました。しかし，「前回と同じではいけない」と考え，エンカウンターのエクササイズを行うことを決心しました。

　このときの懇談会では，最近子どもが好きなものを紹介するエクササイズ（「○○の好きな△△の親です」）を行いました。遊びに受け取られそうなものは避け，これならばと思って選びました。やってみたら保護者の反応は上々。「そうそう，うちの子も」などの声が聞こえ，雰囲気も前回と違ってとてもやわらかいものになりました。懇談会の雰囲気がこんなによくなるものかと本当にビックリしたのを覚えています。前回は保護者全員が敵のように感じられたのですが，たった1回のエクササイズで保護者への見方が180度変わってしまうほどでした。

　後日，保護者から「1回目の保護者会は，先生があまりにも畏縮しすぎていて，何も言うことができない雰囲気だった」と言われました。きっと自分自身の恐怖感が保護者にも伝わっていたのでしょう。保護者会でのSGEは，保護者同士の関係づくりのためにも，教師が自分の緊張感をほぐすためにもよいものだと思います。

> 保護者の視点から

# SGEで学校へ行くのが楽しみに

長谷貴美子

　私が初めてエンカウンターを体験したのは，子どもが入学して最初の懇談会のときだったと思います。そのとき，校長先生が「今度学校に来るときは"またこの人と会えるんだ"と，学校に来るのが楽しみになるように，今日はお友達をつくって帰ってください」というようなことをおっしゃったのを覚えています。その言葉どおり，ふだんの会話だけではなかなか聞けない家庭内の話や子育てで悩んでいる話などを共有すると，親同士の親近感が増し，絆が強くなりました。エンカウンターを終えるころには，また学校へ足を運ぶのが楽しみになりました。

　エクササイズでは，個人で本を読んで頭の中だけで理解するのとは違い，実際に人から言葉を投げかけられたりするので，親や大人が子どもに投げかける言葉が子どもにどう影響し，子どもはどう感じ取るのかを身をもって理解することができました。

　また，「わが子のよい面を5つあげてください」と言われ，ふだん困ったことや嫌なことなどはいくらでもあげられるのに，よい面と言われるとせいぜい1つか2つしか思い浮かびませんでした。そのエクササイズでは，ふだんの自分のものの見方に気づかされ，子どもをみるときも，きっとよい面より困った面ばかりをみてしまっているのではないだろうかと，自分を客観的に省みるよい機会となりました。しかし，実際に子どもに対して怒っているときは，私メッセージやエクササイズで学んだ事柄はどこかへいってしまい，自分の感情ばかりを子どもにぶつけてしまって，あとで落ち着いてから「さっきはぜんぜん子どもの気持ちや立場を考えてあげられなかったなぁ」と反省を繰り返す日々です。

　そして，次のエンカウンターのときには，そんな失敗談を集まった人たちと共有して，安心したり心和ませたり絆を深め合ったりして，『また今日からがんばろう！』と，エクササイズで出た仲間の話などを思い出しながら，含み笑いで家に帰ったりします。

　エンカウンターに何度か参加するうちに，子どもが多くの時間を過ごしている学校の先生方が，このようなエクササイズを通して『自分の投げかけた言葉や態度が子どもにどう影響するのか』『子どもがそれをどう受け止め，どんな感情を抱くのか』を学んで理解してくれているということに，とても安心感をいだき，そのような学校に子どもを通わせられるのがとてもうれしく，子どもともども学校が大好きになりました。ぜひ，もっともっとエンカウンターを受けられる機会をつくっていただきたいと切に願っています。

# 第3章
# 学校全体でのSGEの活用

# 学校全体でのSGEの生かし方

杉村秀充

　どの学校にも，それぞれの伝統に裏打ちされた教育目標がある。校訓があり，それが校風となり，連綿と現在の教育につながっている。例えばある小学校では，「強く」「明るく」「ひとすじに」という校訓に加え，めざす学校像として次の3つを掲げている。

　　＜ある小学校のめざす学校像＞
　　○　児童にとって，「学ぶこと・友達といることが楽しい」通いたくなる学校
　　○　保護者・地域にとって，「安心して子どもを任せられる」通わせたくなる学校
　　○　教職員にとって，「働きがい・生きがいを感じる」勤めたくなる学校

　このなかでも，いま特に求められているのが，「保護者・地域にとって安心して子どもを任せられる，通わせたくなる学校」ではないだろうか。保護者や地域の方との交流を深める手だてはないかと探ることが大切になってくる。

　では，保護者が学校に集まる機会にはどんな時があるだろうか。授業参観の後の懇談会のほかにも，①入学式，②子ども会や会長会，③PTA各委員会，④教育後援会評議員会，⑤PTA総会，⑥懇談会，⑦野外教育活動などの保護者説明会，⑧おやじの会，⑨バザー実行委員会等……。1学期だけでもこんなにある。本章では，このような機会を学校としてどのように生かしていくか，構成的グループエンカウンター（SGE）活用の可能性を考えたい。

## (1) 4月当初の保護者会がカギ

　4月当初の保護者会では，保護者同士がとにかくまず知り合い，交流を深められるようにすることが大切である。校長は，最初の授業参観と懇談会で人間関係づくりをしっかり行うように，担任に熱意を込めて話したい。本書の第2章を参考にしながら，各学年の担任たちで保護者会の持ち方を十分に話し合い，自己紹介の仕方を考えたり，SGEを取り入れた話し合いをもったりするなど，保護者同士が抵抗なく仲よくなれるように創意工夫をこらしていく。

## (2) 校長が率先してエンカウンターする

　学校における諸行事はもとより，保護者や地域の方が集まるときの校長のあいさつなどにもSGEを取り入れていく。場の緊張をほぐし，人々の交流を促進することができる。

例えば，あいさつの初めにできる簡単なエクササイズには，「ひたすらじゃんけん」や「自由歩行」「アウチ」「質問じゃんけん」「他己紹介」「二者択一」などがある。また，いま話題になっているコミュニケーションづくりのスキルとして，「相手に元気が出る聴き方」「相手も自分も気持ちのいい自己主張の仕方」などを紹介することもできる。

### (3) プログラムとして実施する

保護者の参加する学校行事や，PTA総会などの各種行事のプログラムにも，次節からのエクササイズを参考に，ぜひSGEを組み込みたい。しかし，何の下準備もせずに，いきなり行うのはあまりに唐突であり，保護者がしらけてしまう可能性もあるので，それなりの根回しや準備も必要である。

例えばPTA総会なら，事前に行われる実行委員会で，校長が学校教育に対する考えを述べておく。「私は，児童生徒一人一人が夢や希望をもって，仲間と助け合い勇気づけ合って何事にも立ち向かえるようになることをめざして教育を行いたいと考えています」「そのために，朝の会や帰りの会，学級活動などの時間でエンカウンターを行っています」「つきましては，保護者の方々にも体験していただきたい。そして，保護者同士が仲よく協力してPTA活動や学校に関わる活動をしてほしいなと考えています」「そこで，各委員会や子ども会の会長会などで，実際に私と一緒に体験学習をしていきましょう」。

こう言うと，ほとんどの保護者が，エンカウンターとは何だろう，面白そうだなと思ってくれる。そこで，まずは自由歩行をし，次いで質問じゃんけんをしながら肩もみをして，リラックスしたら他己紹介へ……と，一通り体験してもらう。この後に議事に入れば，みんなニコニコである。PTA全委員会が終わって帰るときには，「校長先生，今日は楽しかったです。これからもお願いします」となる。こうなればしめたものである。

このような話は，自然と周囲の保護者へも伝わっていく。あるPTA総会の日には，いつもなら半数ぐらいの出席者が，「校長先生が何か楽しいことをやるそうだから，参加してみよう」ということになり，ほぼ全員の保護者が出席して体育館が狭く感じたほどであった。PTAの議題よりも，SGEが話題を呼んでしまったのである。実際に出席した保護者からも，「多くの保護者と知り合いになれて，来てよかった」と感想をもらった。

### (4) 自己開示の勇気をもつ

大切なのは，まず校長が自ら自己開示し，保護者の中に跳び込むことである。上から目線ではなく，対等な目線で保護者とわかり合おうとすることである。そのような姿勢が保護者と教職員に伝わることで，保護者と共に学校が育つ。保護者と学校が育てば，自然と子どもたちも育っていく。

第3章　学校全体でのSGEの活用

# バースデーライン
―親子参加の行事の導入に―

櫻井　実

■ねらい
保護者も参加する環境美化ボランティアなどの活動で，子どもと保護者が互いに遠慮して，別々に活動していることがある。初めにリレーションづくりの活動を行うことで，交流を深める。

■こんなときにおすすめ
親子で参加する奉仕活動や，地域の人も参加する学校行事などのはじめに。

**種類** 感受性
**時間** 15分
**集団** 初期

（吹き出し）話をせずに誕生日の順に輪をつくりましょう

■準備
・カラーコーンなどを学級数分

■進め方
・参加者が学級ごとにかたまって並ぶ。
・言葉を使わずに，身振り手振りで誕生日を伝え合い，1月1日〜12月31日までの順に並んで輪になる。
・輪ができたら，誕生日を順番に聞いていき，間違っていれば正しい場所に誘導する。
・感想を話し合う。

■保護者の反応や感想
・ふだん，言葉だけで相手と話しているので，身振り手振りだけで相手に気持ちを伝えるのはむずかしかった。でも，楽しくできて，いろんな人と仲よくなれました。
・大人が子どもたちの集団に自然にとけ込み，従来のように別々で活動する場面は解消された。子どもたちも大人を囲んで，和気あいあいと楽しく活動していた。

学校行事で行うエクササイズ

■展開例　バースデーライン

| 場面 | リーダーの指示（●）とメンバーの反応・行動（☆） | 留意点 |
|---|---|---|
| インストラクション | 1．ねらいを説明する<br>●今日は，環境美化ボランティア活動に，たくさんの方に来ていただきました。これから校区を回ってゴミ拾いをしますが，出発の前に，子どもと大人が一緒になって「バースデーライン」をしましょう。<br>●ねらいは『言葉を使わない，身振り手振りトーク』です。帰るまでに，来たときよりも，少しでも皆さんが仲よくなれればいいと思います。<br>●学級ごとに，おうちの人と手をつないで，大きな輪をつくりましょう。皆さんはおうちの人を呼んであげましょう。<br>2．デモンストレーションをする<br>●1月1日から12月31日まで，誕生日の順に並び直します。<br>●自分の誕生日は，こんなふうに，身振り手振りで伝えます。先生の場合，なぜかダンスをしているみたいになっちゃうんですよ。思い切ってやると，とっても楽しい気持ちになれますよ。<br>●ルールは，言葉を絶対に使わないことです。身振り手振りで，しっかり自分の誕生日を伝えてください。目印のコーンから，学級ごとに時計回りに並びましょう。<br>●活動終了後に，並び順の答え合わせと感想を聞きますね。何か質問はありませんか。 | ●全体を進行するリーダーのほか，学級担任がサブリーダーとして各学級につき，世話役をする。<br><br>●大人と子どもがふれあえるようにする。<br><br><br><br>●リーダーはおおげさ気味にジェスチャーをしてみせる。 |
| エクササイズ | 3．課題を行う<br>●それでは，さっそく始めましょう。<br>　☆子どもが恥ずかしそうにしている。<br>　●先生と一緒に身振り手振りをやってみよう。<br>●はーい，ここまで。<br>●学級ごとに，1月1日に近い人から順番に，自分の誕生日を発表していきましょう。<br>●終わったら，学級ごとに固まって座ってください。 | ●話している人がいるときは，「声を出さない約束ですよ」と介入する。<br><br><br>●順番が違っていたら，正しい順に並び直す。 |
| シェアリング | 4．感じたこと気づいたことを語り合う<br>●「バースデーライン」をやってみて，感じたこと，気づいたことを発表し合いましょう。時間は5分です。人の発表を聞いたら，"なるほどコール"を元気な声で贈ってあげましょう。<br>●学級ごとの発表内容を，みんなにも紹介してあげてください。<br>　☆身振り手振りで伝えるのはむずかしかったけど，菊池さんのお父さんが活躍してくれて頼もしかったです。<br>　●美化活動でもぜひ活躍をお願いします。<br>　☆知ってる人はいないし，正直面倒だと思っていたのですが，楽しく参加できそうです。<br>　●皆さん，とても楽しそうでした。 | ●発表を肯定的なコールで受け止めさせ，あたたかい雰囲気をつくる。<br>●サブリーダーは，自然に口火を切る人が出るように水を向ける。 |

出典：「誕生日チェーン」『エンカウンターで学級が変わる・ショートエクササイズ集1』『構成的グループエンカウンター事典』

第3章 学校全体でのSGEの活用

## 仲間集まれ
―保護者参観の行事の導入に―

■ねらい
子どもたちは，成長するにつれ，家族とのかかわりより友達とのかかわりを優先しようとするようになる。あらためて互いの共通点や違いを知り合うことで，親子の理解を深める。

■こんなときにおすすめ
「二分の一成人式（10歳）」など，子どもの成長を喜ぶ保護者参観の学年行事で。

櫻井 実

**種類**
他者理解

**時間**
20分

**集団**
初期

■準備
・テーマカード（4ツ切り大程度）

■進め方
・教師が示したテーマに当てはまる仲間を探して，子どもと保護者が一緒になって，同じ仲間で手を取り合ってまとまる。
・グループを確認する。同じ仲間のグループがほかにできていなければ，ミッションクリア。
・いくつかのテーマで行う。
・感想を話し合う。

■保護者の反応や感想
・子どもの趣味や好みを，たいてい知っているつもりでしたが，知らないことがけっこうあって，親子のふれあいの大切さを感じました。
・その後の二分の一成人式で，保護者は自分の子どもだけでなく，一緒にグループをつくった子どもの発表にもあたたかいまなざしやうなずきを送っていた。子どもたちも，緊張の中にも自信をもって発表できた。

## ■展開例　仲間集まれ

| 場面 | リーダーの指示（●）とメンバーの反応・行動（☆） | 留意点 |
|---|---|---|
| インストラクション | 1. ねらいを説明する<br>●式が始まる前に，おうちの方と一緒に「仲間集まれ」というエクササイズをします。親子でも，互いのことを知っているようで，意外と知らないものです。<br>●ねらいは「自分について知らせる・相手をよく知る」です。ふだんよく知っていると思っている人の，意外な一面がたくさん見つけられると楽しいですね。<br>●活動しやすいように，いすのないところに集まってください。大人，子ども，親子を気にせず，みんな集まってください。<br>2. デモンストレーションをする<br>●これから，あるテーマを示します。それぞれのテーマについて，同じ答えの人同士で，仲間を見つけて集まってもらいます。<br>●例えば，私は，動物では犬が好きです。ですから，犬が好きな人同士で集まります。もし，同じ仲間のグループがほかにもできてしまったら，ミッション失敗です。うまく全員集合できるよう，声をかけ合ってください。<br>●笛の合図は，ミッションの開始と終了です。1分以内で無事ミッションをクリアしてください。何か質問はありませんか。 | ●大人と子どもを区別せず，ふれあわせる。<br><br>【テーマの例】<br>・生まれた月<br>・好きな色<br>・好きなスポーツ<br>・好きな食べ物<br>・好きな科目<br>・趣味<br>　　　　　など |
| エクササイズ | 3. 課題を行う<br>●最初のテーマは，ペットにしたい動物です。<br>　☆子どもが恥ずかしそうにしている。<br>　●大人だって，人に話しかけるのは恥ずかしいんだよ。<br>　☆保護者がだれに声をかけるか戸惑っている。<br>　●子どもは，大人の人の優しい一言が一番うれしいんです。<br>●では，何の仲間か，グループごとに発表してください。<br>●次のテーマは，○○です。──同様に繰り返す。<br>●これで終了です。自分について知らせたり，ふだんよく知っていると思っていた人の，意外な一面が見つけられましたか。 | ●教師はカードを大きな声で読みあげる。<br>●積極的に声をかけ合って集まれるように励ます。<br><br>●成功したグループを全体で賞賛する。 |
| シェアリング | 4. 感じたこと気づいたことを語り合う<br>●やってみて感じたこと，気づいたことを発表し合いましょう。いまのグループで，5分間です。発表を聞いたら，"なるほどコール"を贈ってあげましょう。<br>●グループでの発表内容を，みんなにも紹介してあげてください。<br>　☆うちの子が，格闘技が好きなんて意外でした。知っているつもりでも知らないことがあるのですね。<br>　●興味や好みは，成長するにつれ変わっていくんですね。意外な一面が見つけられたんですね。 | ●発表内容を肯定的なコールで受け止めさせ，あたたかい雰囲気をつくる。 |

出典：「この指とまれ！」『エンカウンターで学級が変わる・ショートエクササイズ集1』

第3章　学校全体でのSGEの活用

# 気になることトーキング
―自然教室などの保護者説明会で―

石塚勝郎

■ねらい
子どもたちが宿泊行事などに安心して楽しく参加できるように，保護者として気になることやその対応策を語り合う。保護者同士の自他理解と絆を深める。

■こんなときにおすすめ
学校，学年，学級単位で集まる保護者説明会で。

**種類** 他者理解
**時間** 30分
**集団** 初期

（イラスト内）
自然教室をひかえて気になっていることを話し合いましょう

3つの約束
① 秘密を守る
② みんな発言する
③ 人の話をまじめに聞き真剣に自分の思いを語る

うちの子は乗り物酔いがひどくて…
うちもです
カヌー体験の安全対策は大丈夫なのかしら
うちも泳げないので…

■準備
・カードとマジック

■進め方
・4～5人組になる。
・自然教室で気になること，不安を出し合う。
・意見を整理し，グループで対応策を話し合う。
・対応策がまとまらなかったものをカードに書いて教師へ提出する。
・感想を話し合う。
・学校側からの，まとめと対応策を聞く。

■保護者の反応や感想
・食事，寝起き，体調（持病など），安全対策などについて，学校が予想していたことがほとんど出された。
・「夜尿症」のことが出された。ふだん，なかなか言えないことが出されたことで，真剣さが深まった。
・対応策については，「学校で考えてくれるはず」という保護者の回答もあった。

## ■展開例　気になることトーキング

| 場面 | リーダーの指示（●）とメンバーの反応・行動（☆） | 留意点 |
|---|---|---|
| インストラクション | 1. **ねらいを説明する**<br>●5年生の保護者の皆さん，こんにちは。今日は，来週行われる自然教室が，子どもたちにとって安全で楽しいものになるように，皆さんで語り合ってもらいたいと思います。<br>●ねらいは，自然教室について気になることや対応策について，自分の思いを語り合うことです。さらに，皆さんの信頼関係が深まるきっかけになればいいですね。<br>2. **ウォーミングアップ**<br>●子どもたちはみんな仲よしです。保護者もみんな仲よしになります。近くの人と「どうぞよろしく」と言いながら握手しましょう。時間は1分間です。<br>●緊張がほぐれてきたところで，5人グループをつくります。できるだけ，いままでおつきあいの少ない人と組んでください。できたグループは，まるくなって着席してください。<br>●各グループで，「○組の△△の母（父）です。どうぞよろしく」とあいさつしながら握手し合ってください。<br>3. **デモンストレーションをする**<br>●では，本番のエクササイズです。<br>●さきほど「自然教室で気になること」と言いましたが，むずかしく考えないで，食事のこと，体のこと，安全対策のことなど，思いつくままにグループで出し合ってください。私の息子は小児喘息を患っていましたので，夜中に発作が出はしないかととても心配でした。 | ●旅のしおり（実施計画）を読んできてもらう。<br><br>●3つの約束を掲示する。<br>①秘密を守る<br>②みんな発言する<br>③人の話をまじめに聞く。真剣に自分の思いを語る。<br><br><br><br><br><br><br><br><br><br><br><br>●カードとマジックをグループに配る。 |
| エクササイズ | 4. **課題を行う**<br>●自然教室で気になることを思い浮かべてください。2分間です。<br>●どなたからでも，気になることをお話ししてください。最初に話した人から，時計回りに進みましょう。<br>●（様子を見て）全員が話し終わったら，グループで出されたことを整理し，似た内容をまとめてから，対応策を話し合ってください。例えば乗り物に弱いお子さん同士，薬を飲むタイミングに声をかけ合うようにするなど，できることを話し合います。10分間です。<br>●対応策がまとまらなかったことは，カードに書いて，提出してください。 | ●1人で複数出してよい。<br>●教師は手分けしてグループを回り，予想外の大事なことが出されていないかどうかを確認する。<br><br><br>●カードを整理し，対応策の説明を準備する。 |
| シェアリング | 5. **感じたこと気づいたことを語り合う**<br>●やってみて，気づいたこと，感じたことを出し合ってください。5分間です。<br>☆心配なのはうちだけではないとわかり，なんだか安心しました。対応策についても，早速やってみたいと思います。<br>●互いに心配ごとを話すことで，信頼できる雰囲気が伝わってきましたよ。 | <br><br><br><br>●最後に，提出されたカードを中心に，学校側の説明とまとめをする。 |

# 探偵ごっこ
―就学時健康診断の導入に―

杉村秀充

■ねらい
新入学児童の保護者が互いに知り合い、これから共にすごす保護者仲間や学校を好きになれるようにする。新しい人間関係や環境への不安、孤独感を緩和する。

■こんなときにおすすめ
就学時健康診断や、新入学児童への学校説明会などで、校長のあいさつの時間などを活用して。

**種類** 他者理解
**時間** 30分
**集団** 初期

1. じゃんけんに勝った人から項目を1つ選んで質問する

   「初めての小学校入学ですか？」
   「はい そうです」

2. 相手の返事が「はい」ならプリントに名前を書いてもらう

   「お仲間がいて心強いわ！」
   「宮崎です よろしく！」

■準備
・P.154のプリントと筆記用具（保護者人数分）

■進め方
・出会った人と2人組になりじゃんけんをする。
・勝ったほうから順に、プリントの項目から1つ選んで相手に質問する。答えが「はい」だったら、プリントに名前を書いてもらうことができる。
・ペアを変えて、同様に繰り返す。
・すべての項目が埋まった人から順に座る。
・感想を話し合う。

■保護者の反応や感想
・探偵ゲームにのめり込んで交流が深まっている。
・早くできた10人が、マイクでコツなどを披露して、あたたかい雰囲気である。
・母校の卒業生、一人っ子の親、初めての1年生などの話題で盛り上がっている。

## ■展開例　探偵ごっこ

| 場面 | リーダーの指示（●）とメンバーの反応・行動（☆） | 留意点 |
|---|---|---|
| インストラクション | 1. ねらいを説明する<br>●今日は就学時健康診断で，保護者のみなさま方にはよく来ていただきました。初めての小学校で，緊張している方もおいででしょう。人間は体を動かすと緊張がほぐれるといわれています。リラックスした状態だと，互いに早く仲よくなることができます。顔見知りの方ができると，小学校生活への安心感が生まれます。<br>●この時間のねらいは「思いっきり子ども心に返り，リラックスしよう」です。緊張がとれると楽しいですね。<br>2. ウォーミングアップ<br>●初めにひたすらじゃんけんを行います。全員立ってください。<br>●1分間，ひたすらいろんな人とじゃんけんをしてください。どれだけ多くの人とできるか，勝った人数を数えてください。同じ人とは1回しかじゃんけんをしないでください。用意，始め。<br>●それでは勝った人数を聞きます。……一番多かったのは，16人でした。みんなで拍手。<br>●次はあいこじゃんけんをします。（同じように1分間行う）。<br>3. デモンストレーションをする<br>●いよいよ本番です。「探偵ごっこ」のやり方を説明します。<br>　・自由に歩き回り，出会った人とじゃんけんをする。<br>　・勝った人がさきに，プリントから項目を選んで質問をする。<br>　・聞かれた人は「はい」「いいえ」で答える。<br>　　→「はい」の場合……相手のプリントに名前を書く。<br>　・負けた人も，プリントから項目を選んで質問する。<br>　・双方が終わったら，次の相手を探す。<br>　・全部の項目が埋まったら，完了。 | ●日本語が苦手な保護者がいる場合もあるので，サブリーダーがついてフォローする。<br>●子ども心を思いっきり出せるように意欲づけをする。<br><br><br>●時間がたつにつれて盛り上がってくるので，残り時間を「あと20秒です」と伝える。<br><br><br><br><br><br>●やり方の説明はプリントに書いておく。さらにプロジェクターでもやり方を示しながら，実演して説明するとわかりやすい。<br>●参加できない保護者には見学してもらう。 |
| エクササイズ | 4. 課題を行う<br>●時間は10分間です。用意，スタート。<br>　☆困っている。<br>　●できて座っている人にも質問していいですよ。<br>●それでは，名探偵さん10人に感想を聞きましょう。 | ●項目に当てはまりそうな人を探して行うといいですよ，と助言すると，初めての人でも取り組みやすい。 |
| シェアリング | 5. 感じたこと気づいたことを語り合う<br>●せっかく隣同士になったので，感想を話し合ってください。<br>　☆たくさんの人と知り合えてよかったです。<br>　●最初と比べて皆さんの笑顔がいっぱいですよ。<br>　☆探偵ごっこが楽しかったです。<br>　●楽しみながら互いに親しくなってくださればうれしいです。<br>●少しでも顔見知りの方ができたことと思います。安心して小学校に入学してきてください。本校では，子どもたちにもエンカウンターで人間関係づくりを行っています。 | ●早くできた人に，マイクでコツなどをたずねる。 |

出典：「友達発見」『エンカウンターで学級が変わる・小学校編2』

# 「わが子への手紙」
### ─宿泊行事の夜のミニ内観に向けて─

原田友毛子

　6年生の総合的な学習の時間に『キャリア教育』に取り組んだときのことである。「自分探しの旅」というテーマで，【いまの自分のよさに気づき，目標に向かって努力することで，自分のよさを伸ばしていこうとする】ことをねらいに，学習を行った。

　子どもたちの実態をみてみると，夢やあこがれで，見栄えのする職業を選択している子が多かったが，大リーガーやサッカーの日本代表選手，一流デザイナーなどへの夢やあこがれを人前で語るのは大切な体験であり，それこそが自分の将来をポジティブに考える基礎になるのではないかと考えた。いっぽう，子どもたちに「自分についてどう思うか」という4件法のアンケートを実施したところ，「自分にはいいところが少ない」「自分のことがあまり好きではない」「間違いや失敗をするとそれをいつまでも気にする」などの反応のみられる子どもがいて，この状況を突破しないと学習の目標到達はできないと考えた。

**修学旅行の夜の「内観」と，おうちの人からの手紙**

　子どもたちが「かけがえのない自分に気づく」にはどうしたらよいか。それには，やはり保護者に協力してもらうのが第一である。「親にとって，かけがえのない自分なのだ」という事実には子どもも納得するしかない。そして，それを感じさせるのに最適なのが修学旅行の夜である。親から離れてすごす夜に，親のことを真剣に考え，親が自分のことを愛しいと思っていることを知る。自分と家族との関係をより深く見つめる，またとないチャンスである。

　そこで，すべての児童の保護者から「わが子へ」というテーマの手紙を子どもに気づかれないように書いてもらい，それを回収して教師が修学旅行の宿泊先に持参する。それを，「おうちの人からの手紙」として子どもたちに渡し，ミニ内観を行うことを計画した。

　手紙の書き方，回収方法などの説明は，修学旅行の保護者説明会でていねいに行った。説明会に参加できなかった保護者には，のちほど個別に連絡をした。以下に，保護者説明会の進め方と，当日の夜の進め方を掲載する。

「わが子への手紙」

平成〇〇年〇月〇日

6年生の保護者の皆さま　　　　　　　　　　　　　　　　　　　　　　6年担任一同

**修学旅行での「おうちの人からの手紙」についてのお願い**

　□□の候，皆さまにはいかがお過ごしでしょうか。日ごろより6学年の行事や本校の教育活動に対して多大なるご協力をいただき，大変感謝しております。

　さて，本日修学旅行説明会でも，皆さまに体験していただきましたように，子どもたちも総合的な学習の時間の一環として「自分探しの旅―【自己を見つめる・かけがえのない自分に気づく】」という学習をいたします。夜のミーティングでおうちの人からの手紙を読んで，その人に思いをはせ「してもらったこと」を回想する中で，かけがえのない自分に気づくということを目標としています。そこで，趣旨をご理解いただき，下記の要領でご協力よろしくお願いいたします。

　なお，ご不明な点につきましては，遠慮なく担任までご連絡ください。

記

1. **手紙の内容**
　子どもが生まれたときの感動や，子どもたちが今後の生活に夢や希望を高められるように，子どもへの励ましやポジティブなフィードバックをお書きください。
　「勉強がんばれ・スポーツがんばれ」等の激励一本やりは，子どもたちは歓迎しないかもしれません。

2. **手紙の形式**
　用紙・文の長さ・形式などは自由ですが，ぜひ「手書き」でお願いします。

3. **封の仕方**
　手紙は封筒に入れて，表面にお子様の名前を書いて封をしてください。その封筒をさらに別の封筒に入れるなどして，それと気づかれないように工夫してください。

4. ○月○日までに，提出をお願いします。

5. **その他**
　　＊どうしても手紙が書けない事情がある場合は，担任までご相談ください。
　　＊この手紙は担任はじめ，無断で他人が読むことはありません。
　　＊この学習について，子どもたちは「夜のミーティング」としか把握していませんので，手紙を書くときや，保護者の方とお話なさるときは，くれぐれも子どもたちにわからないように極秘でお願いします。

以上

（連絡先）〇〇小学校　電話番号＊＊＊＊＊＊＊＊

引用文献：飯野哲朗『思いやりを育てる内観エクササイズ』図書文化　P.133鹿嶋真弓より一部改変

## ■展開例　わが子への手紙（保護者対象）

| 場面 | リーダーの指示（●）とメンバーの反応・行動（☆） | 留意点 |
|---|---|---|
| インストラクション | 1. ねらいを説明する<br>●6年生の総合的な学習の時間のテーマが，「自分探しの旅」であることはご存知だと思います。実は，修学旅行の夜のミーティングで【自己を見つめる・かけがえのない自分に気づく】という学習を計画しています。<br>●そこで，ご家庭の皆さんにぜひ協力してほしいことがあります。それは「おうちの人からの手紙」というものです。わが子がどれだけかけがえのないものであるかを手紙にしたためて，子どもにわからないようにして，学校に届けてほしいのです。<br>●この手紙を読んだ後，子どもたちは「おうちの人からしてもらったこと」について静かに回想します。それを「内観」といいます。<br>2. デモンストレーションをする<br>●では，私が内観をしてみます。子どもが私にしてくれたことと，子どもに悪かったなぁと思うことを話します。<br>●うちの子どもは，下の子が生まれたとき，とても喜んでおむつの取替えをしてくれました。4歳なりに必死でやってくれました。あと，私も夫も地方出身なのですが，子どもが幼児だったころ，はしかにかかってしまい，お互い仕事を休むわけにいかず，途方にくれたことがありました。結局，高熱にうなされるわが子を車に乗せ，真夜中に高速道路を飛ばして実家にたどりつき，母に「週末には迎えに来るからよろしく」と言って，トンボ帰りで出勤したことがあります。いま思い出してもかわいそうなことをしたなぁと感じます。 | ●なぜ内観が必要なのかを納得してもらうようにする。<br><br>●「親からの〜」という言い方で傷つく子もいる。家庭の事情はいろいろで，親以外の保護者が養育している場合もあるので「おうちの人」と表現する。 |
| エクササイズ | 3. 課題を行う<br>●皆さんも軽く目を閉じて，わが子が「してくれたこと」「してあげたこと」「かわいそうなことをしてしまったなと思うこと」について思い出してください。時間は5分間です。<br>●では，近くの人と3人組になって，いま内観したことを語ってください。時間は1人2分です。何か質問はありますか。 | ●時間管理は教師が行うほうがよい。<br>●語りながら思わず目頭をぬぐう人もいる。 |
| シェアリング | 4. 感じたこと気づいたことを語り合う<br>●では，これからグループで，3分間ですが，「感じたこと・気づいたこと」について語り合いましょう。<br>☆早くしなさいとか，宿題やったのとか，小言ばかり言っているときの自分は不安だったなと思います。<br>●そうでしたか。そういう気づきがあったのですね。<br>●わが子がいま生きてここに存在しているだけでありがたい，というお話がありました。そのお気持ちを手紙に託していただけたらと思います。子どもたちの生涯の宝になるような手紙をお願いします。 | ●さきほどの続きではなく，いまどんな気持ちがしているかをわかち合う。 |

「わが子への手紙」

■展開例　おうちの人からの手紙（児童対象ミニ内観）

| 場面 | リーダーの指示（●）とメンバーの反応・行動（☆） | 留意点 |
|---|---|---|
| インストラクション | 1．ねらいを説明する<br>●家族と離れて過ごす今夜，お父さんやお母さんや家族のみんなから，自分がしてもらったことを思い出す時間をもちたいと思います。<br>●皆さんは，両親や家族にとってかけがえのない存在です。ふだん，それを強く感じることは少ないかもしれないけれど，今日はそのことをじっとかみしめてみたいと思います。<br>2．教師が子どものころに「親からしてもらったこと」の自己開示を聞く<br>●先生は，子どものころによく熱を出しました。そんなとき，お母さんが添い寝をして額を冷やしてくれました。夜中に目を開けると，「心配ないよ」と背中をさすってくれました。 | ●オルゴールの静かな曲の流れる大広間に全員が集まる。<br><br><br><br>●子どもたちは神妙な顔をして話に聞き入り，目に涙を浮かべている子もいた。 |
| エクササイズ | 3．「親からの手紙」を手渡し，全員がいっせいに静かに読む<br>●実は，先生たちは，皆さん全員のおうちの人から，お手紙を預かってきています。手紙は，皆さんには内緒で書いてもらいました。これから渡しますが，全員に配り終わるまで封筒から出さないで待っていてください。<br>●壁の方を向いて，自分1人の世界をつくって静かに読んでください。<br>┌☆手紙を読みながら泣き出す。<br>│　●「あなたの気持ちはわかったよ」という気持ちで，言葉はかけず<br>└　　に，肩に手を置く。<br>●（しばらくして）いま，手紙をもらった人について，「してもらったこと」を，よく思い出してみましょう。それを，メモのようにでいいですから，ワークシートの欄の中に書きましょう。時間は7分間です。何か質問はありますか。<br>●いま書いたことを元に，自分が「してもらったこと」についてグループのメンバーと伝え合いましょう。聞く人は，黙って友達の話を真剣に聞きましょう。 | <br><br><br><br><br><br><br><br>●手紙が複数入っている場合があるので，そのだれか1人に焦点を当てることを伝える。<br>●6人程度のグループになる。 |
| シェアリング | 4．感じたこと気づいたことを語り合う<br>●ワークシートの下の段に，いま「感じていること，気づいたこと」を記入してください。<br>●順番に，感じたことを発表していきましょう。友達の発表を聞いて，言いたくなったことがあれば，それを話してもいいです。<br>●ほかのグループの人たちにも伝えたい話はありますか。<br>┌☆お母さんにありがとうって言いたいです<br>└●家に帰ったら，しっかり伝えてあげてね。 | ●目を真っ赤にしながら発言する男子が印象的だった。<br>●各部屋に戻った後も，手紙を交換して読み合う姿があり，しみじみとした夜だった。 |

出典：「親からの手紙」『思いやりを育てる内観エクササイズ』

# 希望者対象の子育て学習会

加勇田修士

## 親の表ネットワークを育てる

　価値観が曖昧で人生に対する信頼が揺らいでいる時代である。自分の生き方に自信がもてないときは，本音も出しにくい。1人1人がバラバラで，人間関係がますます希薄になっている。このような大人社会の雰囲気は，当然子どもたちにも大きな影響を与えている。目立つことや人と違うことを避け，人と同じであることにエネルギーを費やす（同質化圧力）。このような防衛的な集団は，あたたかさに欠けているので居心地が悪い。ちょっとしたトラブルでも大きな問題に発展しやすい。

　さらに，インターネットや携帯電話によるネットワークの普及が対人関係の誤解を増幅させ，メールによる心ないうわさなど，問題をより深刻化させやすい状況も生まれている。いわゆる裏のネットワークが張り巡らされており，その影響を無視できないのである。

　保護者は，このような傾向に自分が無関係であるかどうか，まず自らの足元をみつめ，はたして親同士の人間関係が子どもたちのモデルになっているかどうかを問わなければならないだろう。そして，その手助けを行うことが学校にも期待されてきている。

　本章では，保護者1人1人に子育ての自信を深めてもらうとともに，裏ネットワークの支配に対抗できる保護者の表ネットワークを育てるために，著者の行った「希望者対象の子育て学習会」を紹介したい。保護者集団がまとまり始め，あたたかい雰囲気の準拠集団に成長できたとき，子どもたちの集団にも明るい展望が見えてくる。

## 学習会・SGE導入のタイミング

　保護者の集まりを居心地のいい集団にできるかどうかは，年度始めの親同士の出会いをどのような形に設定するかで，ほぼ決まる。もちろん年度途中からでも可能だが，年度始めの学級開きから取り組むのが最も効果的である。

　出会いの形はSGEによる本音の交流体験を設定する。SGEがなぜ必要かを保護者へ説明するときのキーワードは，「親が安定すれば子どもも安定する」である。お互いに自分に自信がもてない，本音が出せないと思っている間の雰囲気は固くてぎこちないが，少しずつ自分の考え・

感情への気づきが増え，自己開示できるようになることでリレーションが深まっていく。グループの成長とともに個人が成長していく。

## 勉強会・SGEの進め方

2か月に1度（午前中），有志16〜24人の参加を得て，以下のようなプログラムを実施した。1回は約2時間で，前半の1時間はコミュニケーションに関する講義，後半の1時間はSGEタイムである。講師は校長である筆者が務めた。

SGEでは，はじめに「思い切って自分を開きましょう。しかし，相互に相手の不利なことは絶対に口外しないという，信頼の心をもち続けることが大切です」というインストラクションで始めた。各回のプログラムは次ページ以降に示した。回を追うごとに交流が深まり，子どものことや自分自身のことで活発な話し合いが行われた。

**保護者学習会プログラム（全5回）**

|  | 講義（テーマ） | SGE（ねらい） |
| --- | --- | --- |
| 第1回 | 子どもの現在地の確認 | ふれあいづくり |
| 第2回 | 子どもにエネルギーを与えるかかわり方① | 自己理解・他者理解 |
| 第3回 | 子どもにエネルギーを与えるかかわり方② | 自己理解・他者理解 |
| 第4回 | 論理療法① | 自己主張・信頼体験 |
| 第5回 | 論理療法② | 自己受容・他者受容 |

参考文献：『エンカウンターとは何か』，國分康孝監修「構成的グループエンカウンター実践技法　全8巻」テレマック（ビデオ・DVD），國分康孝『エンカウンター』誠信書房，エリス,A著・國分康孝訳『論理療法』川島書店

<第1回>

### 講義　テーマ：子どもの現在地の確認

　初めに，子どもの現在地（現状）を確認するための方法を学習する。①では，一般的な子どもの年齢に応じた発達段階の理解のためにエリクソンを取り上げる。②～⑤では，子ども1人1人の状況を個別理解（個別アセスメント）するための方法を取り上げる。

①エリクソンの発達課題

　一般的に，人生の各時期において，下記の表の左側の発達課題が達成できないときは，右側の課題が取り残されてしまうと考えられている。例えば，乳児期スキンシップが十分でなかった子どもが，思春期になってから不登校になったときに，親のふとんに入って一緒に寝たがったりする「幼児帰り」が起こる場合がある。

| | | | |
|---|---|---|---|
| Ⅰ | 乳児期 | 「基本的信頼」 | 対「基本的不信」 |
| Ⅱ | 幼児前期 | 「自立性」 | 対「羞恥と疑惑」 |
| Ⅲ | 幼児後期 | 「イニシアチブ（積極性）」 | 対「罪悪感」 |
| Ⅳ | 学童期 | 「勤勉性または生産性」 | 対「劣等感」 |
| Ⅴ | 青年期 | 「同一性」 | 対「同一性拡散」 |
| Ⅵ | 成人前期 | 「親密性」 | 対「孤立」 |
| Ⅶ | 成人期 | 「生殖性」 | 対「停滞」 |
| Ⅷ | 老年期 | 「総合または完全性」 | 対「絶望と嫌悪」 |

②因果的理解

　問題状況の直接のきっかけとなっている原因やストレスは何かを調べて理解する。例えば，登校渋りが起きた場合に，いじめ，友人関係，家族関係など，最近の学校での様子や家庭での様子などの情報交換を行い，原因が見つかれば，それを取り除いて解決する。

③共感的な理解

　子どもの主観の世界に一緒に入り込んで，ひたすら聞くことで，子どもの内的世界を追体験する。子どもが，自分の気持ちをうまく言葉にできない場合も多いが，子ども自身が感じていることや考えていることを，「こういうことかな」とフィードバックしてみることで，共感的理解ができているかどうかを確認していく。

④発達段階的理解

3歳くらいまでの育ち方(人生に対する基本的信頼感の問題)・第1反抗期のころのしつけ状況(超自我の形成状況)などから,子どもの現在を理解する。子どもの生育歴だけでなく,そのころに親自身が置かれていた状況も重要な情報となる。

⑤特性・因子論的理解

知能検査,性格検査,進路適性検査,エゴグラムなど,各種心理測定が実施されている場合は,それも子どもを理解するための情報として活用する。子どもの強いところと弱いところを客観的に知ることで,いま何をすることが必要か,具体的な内容が明らかになってくる。

| SGE | ねらい:ふれあいづくり |

| | |
|---|---|
| ①ペンネームづくり | 普段の肩書きや役割から離れるためにペンネームをつくる。 |
| ②よろしく握手 | ペンネームを紹介しながら,お互いに1問ずつ質問し合う。 |
| ③質問じゃんけん(2人1組) | じゃんけんで勝った人が自由に質問をする。(答えたくない質問にはパスあり。) |
| ④他己紹介(4人1組) | 自分の相棒を相手ペアに紹介する。その後,交代で夢を語る。 |
| ⑤ネームゲーム(8人1組) | 「〇〇が好きな□□さんの隣の★★が好きな△△さんの隣の◇◇です」の要領で,時計回りで進める。 |
| ⑥シェアリング | 今日のSGEを通して,いまここで,気づいたこと,学んだこと,いまの気持ちなどを話し合う。<br>「今日のSGEを通して,いまここで,気づいたこと,学んだこと,いまの気持ちなどを話し合います。だれからでも結構です。シェアリングの目的は,それぞれの気持ちを分かち合いながら,自分が気づいたことや学んだことを確認できることと,人の話を聞いて共感したり違う考えを学んだりできることです」。 |

<第2回>

### 講義　テーマ：子どもにエネルギーを与えるかかわり方①

　子どもにとって，われわれ大人がストレスを与える存在になっているか，エネルギーを与える存在になっているかを振り返る。子どもにエネルギーが充電されると欠乏欲求が満たされて成長欲求が出てくるようになり，前向きの生活姿勢をもてるようになる。

#### (1) マズローの欲求階層説

　マズローの欲求階層説によると，人間の欲求には5つの段階があり，①の欲求が満たされなければ②の欲求は芽生えない。また，②の欲求が満たされると③の欲求が芽生える。このようにして①から④までの欠乏欲求が満たされて，初めて，⑤自己実現（成長欲求）の道を歩き始めると考えられている。

　つまり，子どもがいま⑤の状態にない場合は，①～④のどこかの段階でつまずいているのだと理解できる。特に②③の段階について，幼少時からのつけをいま支払っているのではないかと思わせるようなケースは多い。子としては親に十分に手をかけてもらえなかったという思いがまだ残っているため，それが解消されるまでは思うように動けないのである。そのことを言葉でうまく伝えるコミュニケーションスキルをもっていないために，子どもはさまざまなアクティングアウト（問題行動）を起こす。

⑤自己実現の欲求
④承認と尊重の欲求
③愛情と所属の欲求
②安全の欲求
①生理的欲求

マズローの欲求の階層

#### (2) 環境調整と子どもへの対応

　子どもが大人に対して望んでいるのは，「自分のために何かしてほしい」ということよりも，「自分のことをわかってほしい」ことのほうが圧倒的に多い。ただしそれは，どんな行動も認めてほしいということではない。間違った行動は否定しても，本人を否定しないでほしいということである。基本的な考え，ルール等の枠組みはしっかりもっていたほうが子どもも安心する。

　要は，大人の自己満足の道具として押しつけられた対応だと受けとめているか，自分の問題解決能力を信じて任された対応だと受けとめているかの違いである。

エネルギーを与えるためには，子どもへの対応や環境調整として，以下のことを心がける。

①子どもの人生は子どもが主人公である

何事も親が先回りしない。子どもより先に口をきかない。質問・命令口調をやめる。必要最小限の会話。

②子どもの世界を子どもの目で見る

話してきたら真剣に聞く。片手間でなく子どもの方を向いて。評価をしない。そのままフィードバックする。

③子どもが試行錯誤することを認める

失敗や試行錯誤を通して子どもは自立していく。悩むことを支持する。子どもと共に揺れ動くように心がける。

| SGE | ねらい：自己理解，他者理解 |
|---|---|
| ウォーミングアップ | よろしく握手 |
| ①バースデーライン | 誕生日をジェスチャー（非言語）で伝え合い，1月1日から12月31日までの順に丸く並ぶ。 |
| ②インタビュー<br>（2人1組） | 「最近何かいいことありましたか」とお互いに聞き合う。 |
| ③他己紹介<br>二者択一<br>（6人1組） | ペアの相手をグループのメンバーに紹介する。<br>「社長と副社長」「マンションと一戸建て」「天才と努力家」などの質問に，順番に選んだ理由とともに自己開示する。 |
| ④共同絵画<br>人生時計<br>（5人1組） | B4画用紙に，非言語で順番に時計を描く。<br>全員で作成した絵を見ながら，1日の中で一番大切にしている時間とその理由を仲間に自己開示する。 |
| ⑤シェアリング | 今日のSGEを通して，いまここで，気づいたこと，学んだこと，いまの気持ちなどを話し合う。 |

＜第3回＞

| 講義 | テーマ：子どもにエネルギーを与えるかかわり方② |

　親のメッセージを子に伝えるときにも，自己表現は豊かにしたほうがよい。そうでないと親の愛情（配慮や関心）を子どもに理解してもらえないからである。親や教師として，子どもとかかわればかかわるほど絆が強まるコミュニケーションのあり方をめざす。

(1) 子どものこころを受け止める，親のこころを伝えるコミュニケーション

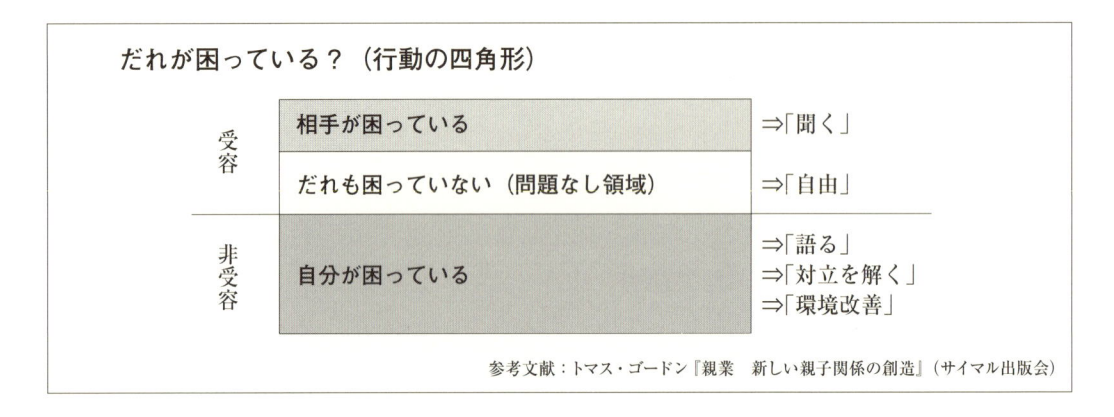

```
だれが困っている？（行動の四角形）
```

| | | |
|---|---|---|
| 受容 | 相手が困っている | ⇒「聞く」 |
| | だれも困っていない（問題なし領域） | ⇒「自由」 |
| 非受容 | 自分が困っている | ⇒「語る」<br>⇒「対立を解く」<br>⇒「環境改善」 |

参考文献：トマス・ゴードン『親業　新しい親子関係の創造』（サイマル出版会）

①受け身的コミュニケーション（子どもからのかかわりによるコミュニケーション）

　子どもが否定的な感情や反抗心で一杯のときは，「聞く」ことが必要である。コップからあふれそうになっている水を，まずこぼしてあげるわけである。「うん，うん」と聞くだけでなく，ときどきは言った言葉をそのまま繰り返す。さらに，気持ちを返したり，言っていることの要約や意味を返したりする。子どもがほんとうに自分のことを理解してもらえたという気持ちになって落ちつくと，親も子どもも困っていない「問題なし領域」になり，「自由」な会話が可能になる。

②能動的コミュニケーション（親からのかかわりによるコミュニケーション）

　イライラした状態で子どもにかかわろうとすると，つい感情的になりがちである。「～しなさい」という命令や「～するものよ」という説教など（あなたメッセージ）は，自分のほんとうの気持ちを「語る」ことをしていないので，こちらの愛が伝わりにくい。代わりに，「私メッセージ」を使って自分の考えや気持ちを「語る」と，相手の心に伝わるようになる。

③問題解決をめざすコミュニケーション（対立しているときのコミュニケーション）

　親子で対立したときは，お互いに勝ち負けの意識が残らない解決方法をめざす。場合によっ

ては「環境改善」の方法を提案し，双方の言い分をお互いに列挙する。その中から，双方が受け入れ可能な解決方法を模索して，1つの結論を選択する。押しつけられたのではなく，自分も選択した結論なので勝ち負け意識は残らない。子どもに判断力，自主性，自立心が育つ。

## (2) 私メッセージ

「あなたが悪い。あなたはこうしたほうがいい。あなたは努力が足りない」など，「あなた」を主語にした言い方を「あなたメッセージ」という。子どもにストレスを与えるかかわりかたである。一方，「私はこう思うけどあなたはどう思う？　私はこう感じている。あなたが心配だからこうしてほしい」などの「私」を主語にした言い方を「私メッセージ」という。好意を根底にした自己開示が伴っているからコミュニケーションが深まり，プラスの情緒エネルギーが蓄積される。米国のトマス・ゴードンは私メッセージを5つに分類して実際に表現しやすくしている。

①宣言：自分の意見や気持ちを率直に表現する。

②予防：否定的な感情にならないように自分のことを予告する。「用事は早めに言ってくれると助かります」というようになる。

③肯定：「あなたが食べてくれるようになったので安心したわ」というように，相手の行動によって自分に肯定的な感情が動いた場合に表現する。

④対決：自分に影響があって困る場合，例えば，仕事で疲れて帰ってきた父親が，そばで飛んだり跳ねたりして遊んでいる子どもに「ゆっくりくつろぎながら，夕御飯を食べたいんだけど，少し静かにしてくれるとうれしいな」というようになる。

⑤価値観に影響を与える：「わかろうと努力しないで，宿題を出さなかったりしていると自分の人生を粗末に扱っているようにみえて心配だな」というように，相手に影響が出てくる場合のものである。④と⑤は，相手の行動とその影響，自分の感情の3部で構成される。

| SGE | ねらい：自己理解，他者理解 |
|---|---|
| ウォーミングアップ | 肩たたきなど |
| ①エゴグラム<br>（4〜5人1組） | エゴグラムを，自分の分と仲間の分をつくる。自分から見た自分，人から見た自分を比較して話し合う。 |
| ②シェアリング | 今日のSGEを通して，いま，ここで，気づいたこと，学んだこと，いまの気持ちなどを話し合う。 |

＜第4回＞

> **講義**　テーマ：論理療法①

　悩みのもとは，物事を悪く受け取る，後ろ向きな考え方をすることにある。考え方や感情のもち方をうまくコントロールすることによって，悲観的，怒り，不安，憂鬱な気持ちから解放される。

### (1)論理療法とは

　論理療法とはアルバート・エリスが提唱したカウンセリングである。簡単にいうと，「物事の考え方，受け取り方を変えれば悩みは消える」または「人の悩みは出来事そのものではなく，その出来事の受け取り方で発生する」ということになる。
　論理療法の理論はＡＢＣＤＥ理論とも言われる。

```
A；Activating Event    （出来事，体験）
B；Belife              （ビリーフ，考え方，思い込み，受け取り方）
C；Consequence         （結果としての感情や精神状態，悩み）
D；Dispute             （問いかけ，反論）
E；Effects             （効果的な考え方）
```

　ある出来事や体験（A）に直面したとき，その人に湧き起こる感情（C）は，出来事や体験そのものの質によるのではなく，その人が出来事や体験をどうとらえているかというビリーフ（B）に左右される。ビリーフが，悲観的，不条理，おかしい，どちらかといえば後ろ向きの場合には，不安・うつ状態・怒りなどの感情が生まれる。
　そこで，自分の受け取り方はほんとうに事実に基づいているか，論理的であるかどうかと，あらためて問いかけてみる（D）。そうすると，現在よりも，より効果的で現実的な考え方，人生観が導き出され（E），それに伴って感情も前向きなものに変化してくる。

### (2)イラショナル・ビリーフ

　論理療法では，「ビリーフ」というキーワードがとても重要になる。ビリーフとはある出来事をどのように受け取るかということである。その受け取り方は，時によって変化する場合もあるが，「こういうもの」という固定概念であったり，個人の信念であったりする場合もある。

「ビリーフ」の中でも悲観的，不条理，おかしい，どちらかといえば後ろ向きな受け取り方や思い込みのことを「イラショナル・ビリーフ」と言う（irrational は不合理と訳される）。例えば，事実に基づかないビリーフ「すべての人に好かれるべきである」，論理性（必然性）に欠けるビリーフ「私は人に裏切られた，それゆえ私はダメな人間である」，人を不幸にするビリーフ「この世には神も仏も無い」などがある。

<エリスによる代表的なイラショナル・ビリーフの種類>
①失敗は許されない。事を成し遂げるためには完全無欠でなければならない。
②担任に叱られたから私はダメな人間である。
③すべての人に愛されなければならない（事実ではない）。
④この成績では絶望的である。
⑤人はプレッシャーで落ち込んだり腹を立てるものである。
⑥困難は立ち向かうより，避けるほうが楽である。
⑦やむを得ない過去があったのだから仕方がない。
⑧人は自分の好みどおりに行動すべきである。
⑨不幸なのは自分のせいではない。
⑩危険が起こりそうなときは心配するのが当然である。

### SGE ねらい：自己主張，信頼体験

| ウォーミングアップ | よろしく握手 |
| --- | --- |
| ①危機からの脱出（6人1組） | コンセンサスゲーム：相手の考えや気持ちに理解を示しつつ自己主張しながら，合意を形成する。 |
| ②トラストウォーク　トラストサークル | 信頼の目隠し歩き。手を取り肩を抱えて不安を与えないように歩く。／仲間のサークルの中で前後左右に倒れかかり支えられながら，無重力の感覚を味わう。いずれも人への「思いやり」と「信頼」の大切さをあらためて体験することができる。 |
| ②シェアリング | 今日のSGEを通して，いまここで，気づいたこと，学んだこと，いまの気持ちなどを話し合う。 |

## ＜第5回＞

### 講義　テーマ：論理療法②

　前回の学習に続き，イラショナルな受け取り方を，ラショナル（合理的，論理性がある，前向きな）な考え方に置き換える方法を学ぶ。

> 　各自のエピソードの中から，イラショナルビリーフを見つけて，ラショナルビリーフに書き換えてみましょう。4人組になってそれぞれの例を発表し合い感想を話し合いましょう。

(3) イラショナル・ビリーフを修正する方法

①認知を変える

＜論駁法＞

・イラショナル・ビリーフに反論して，ラショナル・ビリーフに修正する。

　　例「人は完全であらねばならぬ」
　　　→人は完全ではない，できる範囲でがんばればよい。
　　　（ザ・ベストに縛られるのではなく，マイベストでがんばればよい）
　　例「人は私の欲するとおりに行動すべきである」
　　　→私が人の欲するように行動できないように，人も私の欲するようには行動しない。
　　例「留年しました，それゆえ，私はダメ人間です」
　　　→留年しました，だから人より多くを学べました。
　　例「人には甘えるべきではない」
　　　→人の自由を奪わないかぎり甘えてもよい。
　　例「人生の困難は避けるほうが得である」
　　　→人生の困難に積極的に取り組むと得なこともある。

②感情に働きかける

＜イメージ法＞

・不健康な否定的感情（不安，抑うつ，怒り，羞恥，恐怖，猜疑心，羨望，絶望）を，健康な否定的感情（心配，恋しい，残念，迷惑，失望，気になる，気がかり）に置き換えるようなイメージを抱く訓練をする。

・感情をマイルドな方向にもっていく方法は人それぞれでよく，これを習慣的に行う。自律訓練や呼吸法等を取り入れるとさらに効果的である。

<羞恥心粉砕法>
・恥ずかしさへの耐性をつける。左右で色の違う靴下をはいて出かけてみるなど，恥ずかしいと思う行為をあえてやってみて，羞恥心を克服する試み。

<自己宣言法>
・同じことを自分に何度も言い聞かせる。

<役割交換法>（ロールプレイ）
・特定の状況下という設定で，相手と役割(ロール)を交換し，その役の立場で判断／行動を演じてみる。これにより，相手の気持ちや状況と自分の立場を客観視でき，発想，態度，価値観の転換が可能になる。

③行動に働きかける

<現実脱感法>
・何かに対して恐怖感をもっているとき，その現実の恐怖体験を，段階的に恐怖感が軽減するまで何度もさせることで克服させる。

<強化法>
・当人に合った目標を設定する。段階的に目標を達成するごとに，ほめたり，得点などの正の評価を与えたりして，行動を修正変化させる。

| SGE ねらい：自己受容，他者受容 | |
|---|---|
| ウォーミングアップ | 集合ゲーム等 |
| ①「私は人と違います，なぜならば」<br>「私は私が好きです，なぜならば」<br>「私はあなたが好きです，なぜならば」<br>（5人1組） | 左記の言葉に続けて，自分の思っていることを順に言っていく。自分のよさ，仲間のよさをあらためて見直す。 |
| ②別れの花束 | あたたかい言葉やお礼のメッセージを書いて気持ちを伝え合う。 |
| ②シェアリング | 1年間のSGEを通して，いまここで，気づいたこと，学んだこと，いまの気持ちなどを話し合う。 |

# 第4章
# 保護者リーダーによるSGEの活用

# 保護者リーダーを育てる

杉村秀充

## なぜ保護者リーダーを育てるのか

　地域が共同体としての機能を失いつつあり、社会規範を育むことが徐々に困難になってきている。また、家庭においても核家族化が進み、家族としての役割関係が薄くなってきている。当然それらは、家庭で行われるべきしつけや基本的な生活習慣を、子どもが身につけにくくなってきていることともつながっている。そのため、地域社会や家庭で培われるべきであった社会規範や道徳、ひいては自己肯定感や自己存在感を子どもに育てることを、学校教育に求める声がだんだん強くなってきているように思われる。

　いまこそ学校は、健全な児童生徒の育成のため、PTAや子ども会を中心とする保護者、地域社会の民生児童委員や主任児童委員、学校支援ボランティア、学校教育後援会などの方々と一致協力していかなければならない。学校と家庭、地域社会の連携強化が、これほどに求められている時代はないであろう。

　このとき、学校がリーダーシップを発揮するだけではなく、PTA実行委員や単位子ども会の会長、おやじの会の参加メンバー、学校支援ボランティア組織など、地域・保護者のなかでリーダーシップをとれる人材を発掘し育てていくことも必要となる。このような保護者リーダーたちの結びつきを強めるために、校長をはじめ管理職や担当教員が中心になって、保護者と共に構成的グループエンカウンター（SGE）を学びあうことから始めたい。

## 保護者がリーダーとなる組織の例

①PTA実行委員
　　おもな役員……会長、副会長、母親代表、会計、各委員会の委員長など
　　おもな活動……PTAの企画運営、各種事業の実施、全委員会および総会の取り回しなど
　　企画の例……親子の人間関係づくり・保護者同士の人間関係づくり研修（講師：校長）
②子ども会役員・単位子ども会会長
　　おもな役員……会長、副会長、会計など
　　おもな活動……子ども会にかかわる事業の企画立案、実施

企画の例……親子関係講座の研修（講師：校長など）
③おやじの会
　　おもな役員……会長，副会長，会計，庶務
　　おもな活動……親睦と学校を支援する諸活動全般，バザー時の児童のゲーム係
　　企画の例……自己教育力を高める研修並びに人間関係づくりの体験研修（講師：校長）

**サポートグループを育てる**

　サポートグループとは，「だれがリーダーと決めるのではなく，メンバーからいろいろな意見が出てきて，お互いを支え合うことのできるグループ」のことである。

　例えば筆者の学校では，バザー実行委員会に前述の保護者リーダーのすべての面々が入っているうえ，その下部組織にあたるPTA全委員会のメンバーや単位子ども会の副会長や会計，おやじの会の会員もメンバーもほとんどが参加している。このバザー実行委員会においてメンバー同士が顔を合わせると，それぞれの組織での活動で困っていることや気になっていることなどを自然と相談し合っている様子が見られる。校長に頼らなくても，自然と互いに高め合い，相乗的に自己成長をしている。本校においては，バザー実行委員会がまさに保護者サポートグループの役割を果たしており，学校を支えている生きた組織となっている。

　このように，保護者同士が互いに支えたり支えられたりできるための場として，サポートグループを育てていきたい。サポートグループでは，特定のだれかをリーダーと決めるのではなく，参加者で話し合って，そのときのリーダーやフォロアーを決めればよい。リーダーを固定しないことで，お互いを認め合い，サポートしあうことができる。教師は，サポートグループでリーダーを務める保護者に対して縁の下の力持ちになり，そっとリーダーを援助する。いちどPTA実行委員会や子ども会役員会，おやじの会で実践して問題点を洗い出してから実施すれば，失敗を恐れることはないし，保護者も自分たちで運営できるようになる（基本的な手順については，次節を参照）。

**地域組織への発展・地域社会との連携**

　保護者リーダーたちが，地域の人々や保護者が集まる会合でリーダーシップをとるときに，SGEを知っていると大きな武器となる。第4章で紹介するエクササイズは，保護者がリーダーになることを想定したものであるが，そのほかにも，下記のようなものを体験しておくとよい。
　「自由歩行」……悲しいときの歩き方，楽しいときの歩き方を比べ，自分の感情を知る。
　「質問じゃんけん」……あなたのことを詳しく知りたいという気持ちで質問する。
　「ひたすらじゃんけん」……1分間ひたすらジャンケンをする。勝ち負けの数で競う。

# 保護者のサポートグループ

別所靖子

## 保護者のサポートグループとは

　懇談会や役員会の後に，校内のあちこちで話し込んでいる保護者の姿をよく見かける。そのまま「さようなら」では立ち去りがたいようだ。互いに話したいこと，相談したいことがあるのだろう。保護者同士でサポートしあえることは多い。例えば，親という共通の立場で子育ての悩みなどは話しやすいと思う。親しい人には家庭のことも話題にできる。PTAの役員に関することも，気軽に愚痴を言ってわかってもらえる。地域の状況もお互いに理解しやすい。

　こんな保護者同士のやりとりを，「保護者のサポートグループ」の活動として意図的に設定していくことを提案したい。サポートグループはSGEのシェアリングの応用編で，エクササイズのような決まった課題がない。参加者自身が自由に話題を提供し，それについて参加者同士が語り合う。60分を想定したサポートグループの流れは，以下のとおりである。

> ①ペンネームをつけて全員で円になって座る。
> ②握手であいさつを全体で行い，仲間意識を促進する（5分）。
> ③最近感じていることや助言のほしいことなどを，話したい人が話す（5～10分）。
> ④感じたこと，気づいたこと，似たような体験などを，参加者が自由に語る（20～30分）。
> ⑤終了5～10分前になったら，近くの人と5～6人でシェアリングする。

## 保護者がリーダー，教師がフォロー役

　サポートグループのリーダーは，ぜひ保護者にお願いしたい。メンバーもリーダーに対して仲間意識をもちやすいので，きっと話しやすい雰囲気になると思う。ひいては，子ども会や地域の活動でサポートしあう力となって発展していく可能性も期待できる。

　リーダーになってもらえるのは，クラスの役員かもしれない。面倒見がよく，頼れる保護者かもしれない。あるいは親同士の付き合いで信頼され，リーダーシップを発揮している保護者かもしれない。しかし，どんな保護者でも馴染みのない役割には抵抗がある。そこで，教師はサブリーダーとして参加してフォローしたい。

　リーダーの役割は体験的に学ぶところが大きいので，いくら事前に流れなどを説明をしても，

それだけでは保護者にとまどいや気後れが大きい。教師は黒子のように振舞い、リーダーをさりげなくバックアップしていくとよい。

## サポートグループの実際

メンバーが集まったら、円になっていすに座る。15人以上なら二重円にするのがよい。リーダーやサブリーダーは、円の外から全体を見渡せるような位置に立つ。通常、参加者はペンネームをつける。本名を離れて話すので自己開示しやすく、守秘義務も守られやすい。

開始はリチュアルから。部屋の中を自由に歩いて、「こんにちは。『夏の蛍』です」のように、参加者全員とペンネームであいさつする。全員が座ったのを見計らって、リーダーは「それではみなさん、最近感じていること、あるいは今日の仲間から助言がほしいことなどについて自由に語ってください。順番ではありません。話したい人からどうぞ。ここでの話は外に漏らしませんので安心して話してください」とインストラクションする。

メンバーのAさんが手を挙げて「夫は日曜日に子どもと約束していた野球のコーチに行かなかったんです。疲れていたからですが、謝らなかったので、子どもは怒って、もう5日間も父親と口をききません。私は間に立って困っています」と話し出したとする。それに対してほかのメンバーから「それはつらいですね」「気持ちが暗くなりますよね」などと困った気持ちを受け止める発言があると、ドキドキしながら話したかもしれないAさんが「気持ちをわかってもらえた」と感じてほっとできる。また、自分も似たような体験をしているメンバーが、「うちも高校生の娘が、"使いすぎだ"と携帯電話を隠されてしまったので、しばらく父親と口をききませんでした。私は主人がまた怒り出すのではとはらはらしていたのですが、娘はいつの間にか携帯電話を見つけて使い始め、今はもういつものように接しています。でも、携帯電話の使い方について、きちんと話し合うチャンスを生かせなかったと後悔しています」と自己開示すると、Aさんにとってヒントになる気づきがあるかもしれない。

しかし、だれからも発言が出ず、沈黙が続いてしまうことがある。そんなときは「みなさん、沈黙が続いているようですが、この沈黙をどのように感じていますか。もし、話すことをためらっている人がいたら思い切って話してください」と発言を促す。時には、リーダー自ら「では、口火を切っていいですか？　この間、遊びに出かける息子に『5時には帰ってきなさいよ』『ハンカチ持った、忘れ物ない？』『車に気をつけて行くのよ』と言ったら、『わかってるよ。いくつだと思ってるの』とにらまれてしまいました。いつまでも子離れできない自分が情けなくなりました」と自己開示すると、「私もそうそう」と場の雰囲気が和らぎ、サポートが展開するきっかけになる。

定刻10分ほど前になったら、話し合いを打ち切り、シェアリングで締めくくる。

参考文献　NPO日本教育カウンセラー協会編『教師のサポートグループ』（小冊子）

第4章　保護者リーダーによるSGEの活用

# カウンセリング入門講座

藤川　章

■ねらい
保護者同士のピアサポートの入門編として，講義と実習を行う。対人関係の基本スキルを学び，子どもへのかかわり方をUPするとともに，保護者同士が相互に受容し合う関係をつくる。

■こんなときにおすすめ
子どもの扱いに悩んでいる親の相談を受けたとき，それをテーマに取り上げて実施。

| | |
|---|---|
| **種類** | 自己理解　他者理解 |
| **時間** | 30分 |
| **集団** | 初期 |

### 1. 自己開示のロールプレイ

（吹き出し）私の願望は南の島へ行ってゆっくり本を読むことです
（吹き出し）そうですか

### 2. 自己主張のロールプレイ

（親役）私はお前の将来が心配なんだよ
（子役）勉強してもしなくても関係ないよ

■準備
・「ジョハリの窓」の掲示物

■進め方
・講義形式で全員で前を向いて着席する。
・講師が，「ジョハリの窓」の図を示しながら，人が心を開き合う過程を説明する。
・2人組で「自己開示」のロールプレイをする。
・2人組で「自己主張」のロールプレイをする。
・感想を話し合う。

■保護者の反応や感想
・「ジョハリの窓」のレクチャーは非常に興味深く，ノートを取りながら聞きました。
・「ロールプレイ」と聞くと，少し「えっ？」という感じがしましたが，デモンストレーションが楽しそうだったので，安心してやれました。
・「私メッセージ」の例を知って，さっそく，「今晩から使ってみよう」と思いました。

## ■展開例　カウンセリング入門講座

| 場面 | リーダーの指示（●）とメンバーの反応・行動（☆） | 留意点 |
|---|---|---|
| インストラクション | **1. ねらいを説明する**<br>●今日はカウンセリング入門講座です。「カウンセリング」といっても，「悩み事を解決する」とむずかしく考えないでください。その基本は，相手とお互いに心を開き合う関係になることです。<br>●「ジョハリの窓」を見てください。私たちは，自分について4つの領域をもっています。このなかの「自他にオープンな領域（A）」が広がる関係を2人でつくることが今日のねらいです。この状態で話すことにより，お互いをサポートし合う話が生まれてきます。<br>●このときのポイントが「自己開示」です。自己開示とは，自分に関する事実・感情・価値観を，素直に相手に伝えることです。 | ●「ジョハリの窓」 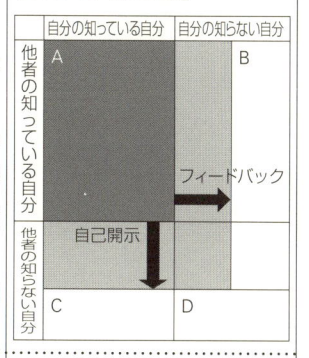<br><br>（図：ジョハリの窓。縦軸＝他者の知っている自分／他者の知らない自分，横軸＝自分の知っている自分／自分の知らない自分。A,B,C,Dの4領域。A→Bへ「フィードバック」，A→Cへ「自己開示」の矢印） |
| エクササイズ | **2. 「自己開示」のロールプレイをする**<br>●2人組になり，交替で自分に関する事実や感情・価値観を話します。聞く人は，「共感的理解」というカウンセリングの基本的な態度で聴きます。これは「相手の私的世界を，あたかも自分自身のものであるかのように感じとる」ことです。打てば響くように反応します。コツは，話の事実ではなく，相手の感情に焦点を当てて聴くことです。<br>●デモンストレーションを見てください。<br>　最近気になっていることを話します。携帯電話の使い方のことで子どもともめているのですが，自分が子どものころにはなかったものなので，だめと言い切るのも自信がないというか……<br>●3分で話し手と聞き手を交代します。始めてください。<br>**3. 「自己主張」のロールプレイをする**<br>●次に「自己主張」のロールプレイです。自己主張とは，自分の意見や要望を相手に強く打ち出すコミュニケーションです。コツは，自己開示し合って，相手と関係ができたあとに，「私メッセージ」で伝えることです。<br>●帰宅時間がルーズになっている子どもとの会話をやってみますので，見ていてください。「最近，○○の帰りが遅いので，お父さんは心配しているんだ。友達の誘いを受けるときと，断るときのルールを決めてほしいな」「なんで？　一番大事なのが友達なんだよ」「私は，家族のことも大事にしてほしいと思う」「だって仕方ないじゃん」「せめて夕飯の時間は守ってほしいのだけど」……<br>●親と子のロールプレイで，話題は各自が設定してください。3分間で話し手と聞き手を交代します。始めてください。 | ●3人組の場合は，1人が観察者になってフィードバックをする。2人組より気づきが多くなるが，ローテーションに時間がかかる。<br>●デモンストレーションは，上手すぎないよう自然な態度で行う。<br><br><br>●私メッセージは，P.117参照。「私は，○○だと感じた」「私は，○○してほしい」という言い方で，相手が受け止めやすくなる。<br>●上手な「私メッセージ」があると表情が豊かになり，会話がはずむ。巡回してチェックし，例を紹介する。 |
| シェアリング | **4. 感じたこと気づいたことを話し合う**<br>●2つのロールプレイをやってみて，感じたこと気づいたことを2人で語り合いましょう。<br>☆帰ってさっそく子どもとの会話で試してみたいと思いました。<br>●ぜひチャレンジして，結果を教えてください。 | ●結果を交流する次回の会を提案する。 |

参考文献：日本教育カウンセラー協会編『教育カウンセラー標準テキスト・初級編』図書文化

# ネームカードで自己紹介

■ねらい
初対面の保護者同士が互いに知り合うきっかけをつくり，その後の円滑な話し合いや交流につなげる。

■こんなときにおすすめ
初めての保護者の会合や，かかわりがまだ浅いグループで。

朝日朋子

**種類** 他者理解
**時間** 15分
**集団** 初期

（吹き出し左）福田ともやの母　福田幸子です　2歳の妹のめんどうをよく見てくれます

（吹き出し右）やさしいお兄ちゃんですね　林みかの母　林まさえです　ホットケーキが大好きな娘です　よろしくお願いします

（カード左）子 福田ともや／母 福田幸子
（カード右）子 林 みか／母 林 まさえ

■準備
・ネームカード（B5の画用紙に穴をあけ，ビニール紐を通したもの。人数分）　・名前を書くペン

■進め方
・自分と子どもの名前をネームカードに書く。
・会場を自由に歩き回り，時間内にできるだけ多くの人と，あいさつをする。
・あいさつの際，自分と子どもの名前，子どものよいところを1つ紹介する。
・感想を話し合う。

■保護者の反応や感想
・保護者会の雰囲気は，いつもちょっと堅苦しい雰囲気だと思いますが，最初にたくさんの人と直接交流ができて，うち解けた雰囲気になりました。たくさんのお友達ができた感じです。
・ほかのお母さん方から，いろいろなお子さんのよさを教えてもらいました。わが子を見る目も，少し変わってきたと思います。

## ■展開例　ネームカードで自己紹介

| 場面 | リーダーの指示（●）とメンバーの反応・行動（☆） | 留意点 |
|---|---|---|
| インストラクション | **1. 進め方を説明する**<br>●今日はちょっと違うやり方で自己紹介を進めたいと思います。ねらいは，たくさんの人と直接話して仲よくなることです。<br>●これからネームカードを配ります。お子さんの名前と自分の名前を書いて，カードを首からさげてください。そのあと会場を自由に歩いて，5分間の間にできるだけ多くの人とあいさつを交わし，自己紹介をしてください。<br>●限られた時間ですが，できれば全員と自己紹介ができるといいと思います。私も以前にやってみたとき，たくさんのお母さん方とすぐに仲よしになれて，そしてお子さんのいろいろなよいところを聞かせてもらって，わが子を見る目が変わりました。<br>**2. デモンストレーションをする**<br>●まず，私が○○さんとやってみますね。<br>「木村こうたろうの母，木村陽子です。こうたろうのいいところは，おばあちゃんに優しいところです」。「おばあちゃんに優しいっていいですね。私は，山川みさきの母，山川みどりです。絵を描くのが好きな娘です」。「絵を描くのが好きなのはよいですね」。（2人で）「それでは，どうぞよろしくお願いします」。<br>●このように，お子さんの名前とご自分の名前，そして，お子さんのよいところを1つあげて自己紹介をしてください。<br>●何か，質問はありますか？ | ●ネームカードは大きな字で書けるものを用意するとよい。<br>●会の進行によって時間は調整してよい。ただし長すぎると効果が薄くなる。20人前後であれば「全員の人とあいさつできるまで」としてもよい。<br>●やり方の例を示す。知り合いの保護者と，実演できるとよい。 |
| エクササイズ | **3. 課題を行う**<br>●では，ネームカードに名前を書きましょう。お子さんのよいところ，お子さんの「ウリ」と思われるところも考えましょう。<br>●準備はいいですか。できるだけ多くの人と自己紹介できるといいですね。いまから5分間です。始めてください。<br>●はーい，時間となりました。いまのペアの方と自己紹介を済ませたら，席に戻ってください。<br>●どうでしたか。全員の人と自己紹介ができましたか。 | ●消極的な人，やりづらそうな人がいたら，声をかける。その日の調子などで参加しにくいようであれば，座って見学してもらうようにする。 |
| シェアリング | **4. 感じたこと気づいたことを話し合う**<br>●何人かに，やってみての感想を聞いてみたいと思います。感じたこと，気づいたことをお聞かせください。<br>●お隣同士など2，3人で，感想を話し合ってください。<br>☆息子のよさを話すのは照れくさかったけれど，たくさんの人から「いいですね」と言われてうれしくなりました。<br>●思い切って話してよかったですね。<br>☆最初にたくさんの人と直接交流ができて，うち解けた雰囲気になりました。たくさんのお友達ができた感じです。<br>●いまの雰囲気のほうが私も好きです。 | ●2～3人に聞く。<br>●近くの人とシェアリングがスムーズに進むようであれば，リレーションができてきた証拠である。 |

出典：「これからよろしく」『構成的グループエンカウンター辞典』，「あいさつゲーム」『エンカウンターで学級が変わる・小学校編1』

# 2人でインタビュー

朝日朋子

■ねらい
相手への関心をもって質問することで，相手に対する理解を深めるとともに，好意の念を相手に伝える。

■こんなときにおすすめ
初めて出会う場合や，知り合って間もないグループの関係づくりに。

**種類**
他者理解

**時間**
15分

**集団**
初期

（イラスト：ペアで会話している様子）
- 「ギターでバンドのリーダーをしてました」
- 「学生のころ夢中になったことは？」
- 「兄弟のまん中で損したなって思うことはありますか？」
- 「姉と弟が一人ずついます」
- 「ご兄弟は？」
- 「休みの日は何をしていますか？」
- 「ガーデニングです 小さいベランダですけど」

■準備
・人数分のいす

■進め方
・2人組になる。
・ペアの片方が，相手について知りたいことを，2分間どんどん質問する。もう片方は，聞かれたことに簡潔に答える。
・2分たったら交替する。
・感想を話し合う。

■保護者の反応や感想
・保育園時代からよく知っているお母さんなのですが，こうしてお互いのことを聞くのは初めてで面白かったです。顔見知りでも，お互いのことをよく知らないんだなあと思いました。
・何を質問されるのかなって，けっこうドキドキしました。相手の方が，自分をどのようにみてくださっているのか，ふだんはあまり気にしていませんでした。簡単なことから質問してくれたのでよかったです。

## ■展開例　2人でインタビュー

| 場面 | リーダーの指示（●）とメンバーの反応・行動（☆） | 留意点 |
|---|---|---|
| インストラクション | **1. ねらいを説明する**<br>●今日は「2人でインタビュー」をやってみたいと思います。お互いのことを知り合うためにどんどん質問をし合うという，とても簡単なものです。ねらいは「あなたに関心をもっていますよという，好意の念を伝える」ことです。<br>●2人組をつくりましょう。ふだん話をしない人とのペアができるといいので，できれば仲よし以外の人と積極的に声をかけ合うようにしてください。<br>**2. デモンストレーションをする**<br>●質問の仕方を，実際にやってみます。<br>「○○さんのお住まいは何町ですか？」「光町です」「食べ物では何が好きですか？」「トマトです」「最近，面白いテレビや映画がありましたか？」「大河ドラマにはまっています」「時代劇が好きなのですか？」「子役がかわいいので」……。<br>●こんなふうに，ペアの人について知りたいことを，2分間どんどん質問します。答える人は，聞かれたことにだけ簡潔に答えてください。もし，答えたくなかったらパスします。<br>●質問するとき，その人の考えや内面について尋ねると，相手は自分のことを聞いてもらえたという感じがします。例えば，「どこにお住まいですか」という質問よりも，「お休みのときは何をするのが好きですか」「最近，楽しかったことって何ですか」という質問をすると，ぐっと距離が縮まります。 | ●1人残ってしまった場合は，リーダーがペアになる。<br><br>●バースデーライン（P.38）などの後に2人組をつくれば，自然に見知らぬ人とペアができる。<br><br><br><br>●いろいろなジャンルの質問をしても，1つのことを深めて質問してもよい。 |
| エクササイズ | **3. 課題を行う**<br>●それでは，質問をする人と答える人の順番を決めてください。<br>●合図まで，心を込めて質問してください。用意，始め！<br>●（2分たって）はーい，ありがとうございました。<br>では交替して，用意，始め！<br>●（2分たって）はーい。ありがとうございました。<br>●相手のことがよく理解できましたか？　よくぞ聞いてくれました，という質問はあったでしょうか？ | ●質問を受ける人が答えやすいように，いすの位置を調整する。<br>●サブリーダーに，計時係を頼んでもよい。<br>●交代したら，再度いすの位置を調整する。 |
| シェアリング | **4. 感じたこと気づいたことを語り合う**<br>●感じたこと，気がついたことを振り返ります。いい気づきがあったら，後でみんなにも教えてください。ではお願いします。<br>☆よく知っている人なのに，お互いのことを話すのは初めてで，面白かったです。知らないことが意外と多かったです。<br>●自分のことを話す機会って意外と少ないものですね。<br>☆何を質問されるかなとドキドキしました。簡単なことから質問してくれたのでよかったです。<br>●質問する人の配慮が感じられたのですね。 | ●質問の延長になってしまわないように注意する。 |

出典：「二人一組」『構成的グループエンカウンター事典』，國分康孝『エンカウンター』誠信書房，片野智治『構成的グループ・エンカウンター』駿河台出版社

第4章　保護者リーダーによるSGEの活用

# 探偵ごっこ

築瀬のり子

■ねらい
じゃんけんで子ども心を丸出しにしながら，多くの人と交流することで，集団にうちとけた雰囲気をつくる。

■こんなときにおすすめ
年度初めの保護者の会合で，互いの名前を覚え合うために。話し合いの前の雰囲気づくりとして。

**種類** 他者理解

**時間** 30分

**集団** 初期

■準備
・P.155のプリント
・筆記用具

■進め方
・2人組で自己紹介し，じゃんけんをする。
・勝った人から先に，質問項目から1つ選んで質問し，該当したら相手の名前を記入する。
・同様に，負けた人が勝った人に質問する。
・ペアを解消し，また別の人と2人組になり同様に繰り返す。

■保護者の反応や感想
・項目に該当すると「ああよかった。えっと，お名前は」「○○です」と名札を見せながら答えていた。また，該当しないと「あらぁ，残念」「すいません」などのやり取りが交わされ，終始笑い声が絶えなかった。
・中学時代の部活動が吹奏楽部だとわかった保護者同士が，休憩時間に「楽器は何をなさっていたのですか」「トランペットですが，○○さんは」と，親しく話す姿がみられた。

## ■展開例　探偵ごっこ

| 場面 | リーダーの指示（●）とメンバーの反応・行動（☆） | 留意点 |
|---|---|---|
| インストラクション | **1. ねらいを説明する**<br>●私たち，ご縁があって○年○組の保護者となりました。まだまだ名前もわからない者同士ですので，まず「探偵ごっこ」をして，たくさんの人と交流し，できるだけ名前を覚えましょう。<br>**2. デモンストレーションをする**<br>●やり方は，フロアを自由に歩き，出会った人と2人組になります。<br>●まず「○○です。よろしくお願いします」と互いに自己紹介をします。次にじゃんけんをして，勝った人から順に，プリントの①〜⑩の項目から1つを選んで質問をします。相手の人が該当しそうな項目を選ぶのがコツです。<br>●やってみますね。「○○さんは，健康維持のために何かしていることがありますか？」「はい，週に1度，水泳をしています」。<br>●このように相手が「はい」と答え，みごと該当したら，右側のマスに相手の名前を書きます。「いいえ」のときは書けません。<br>●次に，じゃんけんに負けた人が勝った人に質問します。<br>●2人とも終わったら，「ありがとうございました」と別れ，別の人と2人組になって同様に繰り返します。<br>●やり方について何か質問はありませんか。<br>●ルールは，嘘を言わないことと，話し込まないことです。15分間にできるだけ多くの人とペアになり，該当者を探してください。 | ●いすを下げて広いスペースをつくる。<br>●プリントを配付しておく。<br>●モデルの2人組を事前に依頼しておき，デモンストレーションを見せながら説明を行う。<br><br><br><br><br><br><br>●同じ人とは続けてじゃんけんできないが，間が空けば再びペアになってよい。できるだけ知らない人，違う人を探して2人組になる。 |
| エクササイズ | **3. 課題を行う**<br>●では，立って始めてください。<br>●残り5分です。<br>●はい，そこまでです。<br>**4. 答え合わせをする**<br>●では，確認をします。1問目「中学時代，文化部に入っていた人」はお立ちください。お名前と部名と一言を順に言ってください（順に最後の項目まで行う）。<br>●最後に，自分が該当する項目のなかった方はお立ちください。順に「○○です。動物は苦手なのでペットは飼っていませんが，その代わり観葉植物やお花をたくさん育てています」という具合に，名前と質問項目に関連した内容で自己紹介をお願いします。<br>●たくさんの方とじゃんけんできましたか。 | ●しだいに教室全体を使った動きになる。<br><br>●いすを丸く並べて，座ってから確認を行う。<br>●答え合わせでは，名前のほかに質問項目に関連した一言を言ってもらう。 |
| シェアリング | **5. 感じたこと気づいたことを語り合う**<br>●探偵ごっこで，感じたこと，気づいたことをお話しください。<br>　☆同じ項目に該当して共通点があるとうれしくなります。<br>　●親近感がわきますね。<br>　☆なかなか楽しかったです。これからもよろしくお願いします。<br>　●皆さん，子ども心に返ってとても楽しそうでした。 |  |

出典：「友達発見」『エンカウンターで学級が変わる・小学校編2』

# 二者択一

簗瀬のり子

■ねらい
自分の好みや考え方を他者にオープンにすることで，自分の価値観を明確にする。メンバーの好みや考え方を知ることで，保護者同士の相互理解を促進する。

■こんなときにおすすめ
保護者による自主的な学習会の2～3回目に。学級の保護者会の2～3回目に。

**種類**
自己理解
他者理解

**時間**
30分

**集団**
初期

■準備
・A4の4分の1程度の白紙（1人5枚）
・筆記用具（各自で用意）

■進め方
・4～6人組になる。
・対照的な2つの項目から，自分が好んだり価値があると考えるほうを選択して白紙に書く。
・グループで書いた紙を見せ合い，なぜその項目を選択したか，理由を順に述べる。
・感想を話し合う。

■保護者の反応や感想
・「えー」「う～ん，どっちだ」「これはもう○○だわ」などとつぶやきながら書いていました。好みによる項目よりも，価値観による項目のほうが迷いが少なく，すぐに選択できました。
・「顔か性格か」では，「顔は3日で慣れるから，伴侶は性格がいい人が一番」「性格は顔に出るから，顔が重要」など，さまざまな理由が語られて面白かったです。

## ■展開例　二者択一

| 場面 | リーダーの指示（●）とメンバーの反応・行動（☆） | 留意点 |
|---|---|---|
| インストラクション | 1. ねらいを説明する<br>●皆さんは今日，この会を選択して出席されたわけですが，このように人生は選択の連続です。その選択は各々の好みや考え方に従ってなされます。<br>●今日は「二者択一」という活動を行います。ねらいは，自分の好みや考え方を明確にしたり，他者の好みや考え方を聞いて相手をより理解したりすることです。<br>●あまり話をしたことのない人同士で6人組をつくりましょう。<br>2. デモンストレーションをする<br>●これから，「山か，海か」というように対照的な2つのことを言います。どちらか，自分が「好きだな，いいな，大切だ」などと思うほうを選び，理由を一言で語ってください。例えば私なら，「好きだと思ったのは山です。理由はどっしりとした安定感が心を落ち着かせてくれるからです」と言います。<br>●このように，答えは白紙に大きめに書いてください。書いたら，「いっせーのせ」の合図に合わせてグループで見せ合ってから，それを選んだ理由を順番に話します。<br>●10問行います。白紙は片面に1項目，両面を使用します。 | ●ねらいを掲示する。<br><br>●人数や状況に応じて4～6人組にする。<br>●筆記用具と白紙を配る。白紙はあらかじめグループごとの枚数に分けておく。<br>●リーダーが自己開示する。 |
| エクササイズ | 3. 課題を行う<br>●1問目，「春か，秋か」。どちらか選んで書いてください。どちらが正しいということはありません。考え込まずに書きましょう。<br>●では，見せ合います。「いっせーのせ」（合図）。<br>●どなたからでも構いませんので選んだ理由を話してください。全員が話し終えたら次に進みます。<br>　☆理由を「同じです」と言う。<br>　●似た理由でも自分の言葉でお話しください。<br>　☆長々と話をする。<br>　●1人で時間をとらないようにしましょう。<br>●（各グループを観察して）次に進んでよろしいでしょうか。<br>●2問目。「顔か，性格か」です。（以下，同様に繰り返す。） | 【トピックの例】<br>・田舎／都会<br>・廃棄／修理<br>・時間／お金<br>・目／口<br>・アジア／ヨーロッパ<br>・一括払い／分割払い<br>・大勢の友人／少数の親友<br>・社長／副社長<br>・仕事／家庭<br>・男／女　　　　　など |
| シェアリング | 4. 感じたこと気づいたことを語り合う<br>●やってみて感じたこと，気づいたことをグループで語り合いましょう。時間は5分間です。<br>　☆1人だけ選んだものが違うと，ちょっとドキッとしました。<br>　●疎外感というか，仲間はずれのようでしたか。<br>　☆同じ項目を選んでも理由はまったく違うことも多く，どっちを選んだかより，人それぞれでした。<br>　●まさに十人十色ということですね。<br>●グループの話で出された内容を，全体にも紹介してください。 | ●グループの話し合いを深めるよう介入する。<br>●特にまとめをしなくてよい。 |

出典：「二者択一」『構成的グループエンカウンター事典』『エンカウンターで学級が変わる・中学校編1』，國分康孝『エンカウンター』誠信書房，片野智治『構成的グループ・エンカウンター』駿河台出版社

第4章　保護者リーダーによるSGEの活用

# ビンゴ

藤川　章

■ねらい
自分とほかの人との共通点に気づき，親近感や安心感を覚えられるようにする。また，人との違いから，わが家の固有の価値観に気づいたり，新たな価値観にふれることで，わが子への接し方を改善したりする。

■こんなときにおすすめ
保護者による自主的な学習の2～3回目に。

**種類**
自己理解
他者理解

**時間**
30分

**集団**
初期

「わが子に望むこと」ビンゴ

| 友だちを大切にする | きたない言葉を使わない | 自分で起きる |
|---|---|---|
| 理科をがんばる | 部屋を片づける | ゲームをほどほどに |
| 宿題をきちんとやる | 礼儀正しく | 親と会話をする |

〈メモ〉

・人と同じものがあったら○をする
・タテ・ヨコ・ナナメのどれか1列がそろったら，ビンゴ

■準備
・P.156のプリント
・筆記用具

■進め方
・4～6人組になり，机を寄せて着席する。
・「わが子に望むこと」を考え，ビンゴカードのマスに書き込む。
・1人ずつ自分の書いたものを，簡単な理由を言いながら発表する。
・感想を話し合う。

■保護者の反応や感想
・なかなか9個の望みが考えられませんでした。高望みしないよう，自制心が働いたからだと思います。
・みなさん似たようなことで困っていることがわかり，なんだか安心しました。

## ■展開例　ビンゴ

| 場面 | リーダーの指示（●）とメンバーの反応・行動（☆） | 留意点 |
|---|---|---|
| インストラクション | **1. ねらいを説明する**<br>●私たち親は、わが子にさまざまな願いや望みをもっています。今日はビンゴゲームのやり方で、自分がわが子にもっている願いや望みは何なのかをあらためて考えてみます。<br>●このエクササイズのねらいは、自分と人との共通点に気づいて安心すること。また自分の思い込みに気づいたり、新たな考え方にふれることで子どもへの接し方を見直したりすることにあります。<br>●6人で1グループになります。机を向かい合わせに寄せつけましょう。じゃんけんでリーダーを決めてください。<br>**2. デモンストレーションをする**<br>●これから「わが子に望むこと」というテーマでビンゴをします。私の場合、息子に望むのは、ぜんそくがよくなってほしい、部屋をまめに片づけてほしい、できなかったテストの復習をやってほしい、ゲームをほどほどにしてほしい……などです。<br>●思いつくままに考えたら、そのなかの9つをマスの中に書き込みます。このとき、ゲームに勝てるように配列することが大切です。皆さんから出やすそうなものをまん中に、次に四隅に書くのが、早くビンゴになるコツです。 | ●リレーションづくりが目的なら、「好きな食べ物」「感動体験」「行ってみたい場所」等のテーマで行う。<br><br><br><br><br>●「わが子への望み」と言われてもピンとこない人がいるので、リーダーのデモでいくつか例示する。<br><br>●作戦を考えながら記入するようにと強調すると、気楽な雰囲気になる。 |
| エクササイズ | **3. 課題を行う**<br>●では、ビンゴカードに記入しましょう。<br>●（書けたころを見計らって）ビンゴを始めます。リーダーから順に、書いたものを1つずつ発表していきましょう。発表と同じものがあったら、自分のビンゴに〇をつけます。<br>●ここでルールが3つあります。①発表するときは、自分のビンゴカードのまん中と四隅のものを言ってはいけない。②〇をするときは、ほかの人に答えを見せてからにする。③答えが同じか判断に迷うときは、グループ全員で協議して決める。<br>●質問はありますか。では、始めてください。<br>　☆最後までビンゴにならずに残念そう。<br>　●ユニークな発想の持ち主なのですね。 | ●思いつかない人が多いときは時間を延長する。早くできた人は、そう望む理由を考える。<br><br><br><br>●様子を見ながら、発表が3周くらいしたところで終了する。 |
| シェアリング | **4. 感じたこと気づいたことを語り合う**<br>●感じたこと、気づいたことを発表してください。<br>●グループで出た話を、1つ2つ、全体に紹介してください。<br>　☆皆さんも、自分と同じような望みをもっていることがわかってうれしかったです。<br>　●安心した感じでしょうか。<br>　☆私がまったく考えたことのなかった望みをもっている方もいて、意外というか新鮮に感じました。<br>　●私もいろいろな考え方にふれて刺激を受けました。 | |

出典：「友達ビンゴ」『構成的グループエンカウンター事典』『エンカウンターで学級が変わる・小学校編2』、「先生とビンゴ」『エンカウンターで学級が変わる・ショートエクササイズ集1』、「出会いのビンゴ」『エンカウンターで学級が変わる・中学校編3』

# 保護者・地域のふれあいから生まれる学校サポート

杉村秀充

**子ども会による学校サポートの例**

　校区の子ども会が中心となり，交通安全上，危険があると思われる23カ所で，子どもたちの登下校時に交通立番をしている。登校時は，集団登校の児童に対して「おはようございます」のあいさつや道路の横断の仕方など，親切に声かけを行っている。また下校時の交通立番は，低学年の下校時刻に合わせて行っている。現在では働いている保護者がほとんどであるが，話し合いでそれぞれが都合をつけ，全保護者が分担して，毎日26人が子どもの交通安全のために協力を行っている。

　ほかにも，5月には，子ども会が中心となって，学校で高学年ソフトドッジボール大会を開催し，事前準備から練習等を子ども会役員が担当している。6年生に活躍の場を与えるとともに，地域の異学年で練習することが少なくなってきている現在，とても貴重な体験の場となっている。また11月には低学年ドッヂビー大会（円盤を使ったドッジボール）を開催し，3年生が中心になって練習し，その練習や団結の成果を発揮している。ここでは1年生にも活躍の場が与えられている。

　これらは地域が一つになる行事であり，学校を会場にして，両親のみならず祖父母までもが地域の子どもたちの応援にたくさん駆けつけ，盛り上がっている。

**地域のボランティアグループによる学校サポートの例**

　地域のお年寄りが中心となってボランティアグループをつくり，学校支援をうたい文句に活動をしている。例えば，ニコニコクラブという団体は，「地域社会への貢献の一端として，子どもの健全な育成を願い，命の尊さを考え，交通安全と防犯を軸に，ボランティア活動を推進すること」を目標に掲げて活動している。会員は現在21名で，おもな活動は次のようなものである。

　①児童の登下校時の交通安全指導。保護者の立哨指導者や学校との連携を密にする。②防犯パトロール。日常の散歩の範囲に，通学路および学校周辺を含める。③あいさつ運動の展開。小中学生だけでなく，地域の人たちにも，そのときに合ったあいさつをする。④クリーン活動の展開。交通安全指導や散歩時に，空き缶・空き瓶・ペットボトル・ゴミ等を拾う。⑤

交通安全・防犯活動のイベントに要請があれば参加協力する。

　学校では，ニコニコクラブの方々に，学校の側溝の泥上げ作業を手伝っていただいたり，1年生の生活科の授業でコマ回しや剣玉，竹とんぼ，あやとり，ビー玉などを教えてもらったり，交通安全教室のときに，警察官や交通指導員と一緒に実地訓練に参加していただいたりしている。ときには1年生と一緒に教室で給食を食べ，昔の様子について教えてもらうこともある。「子どもたちのためなら，これからもどんどんボランティア活動をしたい」と言うときのクラブのみなさんの顔は，本当に生き生きとしていてすばらしい。

### バザー実行委員会による学校サポートの例

　本校では，PTA実行委員，PTA地域交流委員をはじめ，広く保護者・地域の方々にも呼びかけて，バザー実行委員会という組織が結成されている。本校のバザーは40年以上の伝統があり，歴代PTA会長や母親代表，地元消防団，体育振興会，おやじの会の有志の方々に支えられた活動になっている。

　バザーでは，品物の売買だけではなく，全児童と全保護者，地域の人々との交流を図ることをめざしている。みんなで品物を手づくりしたり，雑談したり準備をしたりする中で親睦を深める体験は，売り上げよりも大切なことだと，実行委員として参加した人たちは口々に言う。そして，「バザーは小学校の伝統行事として絶対に残したい」と熱く語る。

　当日は，係のある実行委員だけで50人以上，延べ100人以上が働いている。児童には全員に無料のゲーム券を配布して，だれでも参加できるよう配慮し，おやじの会が協力して，できるだけ男親も一緒に遊べるよう，心憎い配慮をしている。子どもたちが遊べるゲームコーナーには，ボーリング，輪投げ，ダーツ，ストラックアウト，くじ，ビンゴ，無料ゲームコーナーがあり，さらにおやつが無料引きかえ券でもらえるよう工夫されている。

### 「おやじの会」による学校サポートの例

　男親による集まりである「おやじの会」は，本校ではPTAの中の特別委員会に位置づけられている。父親の親睦と連帯感を高めるとともに，学校や子どもたちのためになることをしようという機運が高まり，前PTA会長の呼びかけで会員募集を行ったところ，地域にいるだけではなかなか話をする機会がないと，28名の申し込みがあった。立ち上げの会合では，校長のあいさつのなかで，「ひたすらじゃんけん」「名簿の人と自己紹介」「二者択一」のエクササイズを行った。お互いの気心もすぐに知れて，和気あいあいのムードとなり，その後の議事もスムーズに進んだ。その後，「おやじの会」ができたことは地域でも評判になり，「俺も入りたい」という声が次々に出るようになった。母親や子どもから，「お父さんも入りなさい」と言われて参加してくる父親もいる。ほほえましいかぎりである。

## エクササイズの出典　書籍一覧

以下，図書文化社発行。新しい順

『教師のためのエンカウンター入門』片野智治，2009

『どんな学級にも使えるエンカウンター20選』國分康孝・國分久子監修，明里康弘著，2007

『構成的グループエンカウンター研究』片野智治，2007

『思いやりを育てる内観エクササイズ』國分康孝・國分久子監修，飯野哲朗著，2005

『構成的グループエンカウンター事典』國分康孝・國分久子総編集，片野智治編集代表，朝日朋子・大友秀人・岡田弘・鹿嶋真弓・河村茂雄・品田笑子・田島聡・藤川章・吉田隆江編集，2004

『自分と向き合う! 究極のエンカウンター』國分康孝・國分久子編著，片野智治・岡田弘・吉田隆江編集協力，2004

『エンカウンターで学級づくりスタートダッシュ! 小学校編』諸富祥彦・明里康弘・萩原美津枝・平田元子・加瀬和子・高橋章編著，2002

『エンカウンターで学級づくりスタートダッシュ! 中学校編』諸富祥彦・植草伸之・浅井好・齊藤優・明里康弘編著 2002

『エンカウンターで学級が変わる ショートエクササイズ集Part2』國分康孝監修，林伸一・飯野哲朗・簗瀬のり子・八巻寛治・國分久子編集，2001

『エンカウンターで進路指導が変わる』片野智治編集代表，田島聡・川崎知己・橋本登・石黒康夫・別所靖子編集，2001

『エンカウンタースキルアップ』國分康孝・吉田隆江・加勇田修士・大関健道・朝日朋子・國分久子編集，2001

『エンカウンターで学校を創る』國分康孝監修，岡田弘・水上和夫・吉澤克彦・國分久子編集，2001

『エンカウンターこんなときこうする! 小学校編』諸富祥彦・千葉市エンカウンターを学ぶ会編著，2000

『エンカウンターこんなときこうする! 中学校編』諸富祥彦・千葉市エンカウンターを学ぶ会編著，2000

『エンカウンターとは何か』國分康孝・國分久子・片野智治・岡田弘・加勇田修士・吉田隆江，2000

『エンカウンターで学級が変わる 小学校編 Part3』國分康孝監修，河村茂雄，品田笑子，朝日朋子，國分久子編集，1999

『エンカウンターで学級が変わる 中学校編 Part3』國分康孝監修，大関健道・藤川章・吉澤克彦・國分久子編集，1999

『エンカウンターで学級が変わる 高等学校編』國分康孝監修，片野智治・岡田弘・加勇田修士・吉田隆江・國分久子編集，1999

『エンカウンターで学級が変わる ショートエクササイズ集』國分康孝監修，林伸一・飯野哲朗・簗瀬のり子・八巻寛治・國分久子編集，1999

『エンカウンターで学級が変わる 小学校編 Part2』國分康孝監修，國分久子・岡田弘編集，1997

『エンカウンターで学級が変わる 中学校編 Part2』國分康孝監修，國分久子・片野智治編集，1997

『エンカウンターで学級が変わる 小学校編』國分康孝監修，岡田弘編集，1996

『エンカウンターで学級が変わる 中学校編』國分康孝監修，片野智治編集，1996

# 第5章

# 日常に生かす SGEの精神

## 教師に必要な対人マナー
――いつでもエンカウンターできる教師をめざして――

原田友毛子

**SGEの精神を日常に反映する**

　構成的グループエンカウンター（SGE）がめざすものは，「ふれあいと自己発見・他者発見」である。SGEのエクササイズを行うときだけでなく，そうした認識で毎日の教育活動にあたりたいと思っている。

　SGEでいう「ふれあい」とは，あるがままの自己同士の交流を示しており，相互の固有性・独自性を尊重し合う人格的な人間関係を志向する（片野，2007）。そしてそれは，「自己を開く・相手を受容する」ことから出発すると考えられる。また，「自己発見・他者発見」の中でも，特に自己発見は自己盲点への気づきを意味していて，そうした隠れた自己・気づかなかった自己を認める（あるいは克服しようとする）ことには，勇気や柔軟性が求められる。

　この「ふれあいと自己発見・他者発見」は，日常の教育活動全般に実践されるものでなくては，保護者とのSGEは生きてこない。そこで，まずマナーとして教師の日常の行動に反映させたい。SGEの精神は，ものの考え方，人とのコミュニケーションのとり方，子どもと授業をつくっていくときなど，あらゆる時間や場面に反映されるものであると考える。『ふれあい－自他発見』が日常のマナーに反映されてこそ，SGEの真の実践者となる。

**「ふれあいと自己発見・他者発見」が不足した教師の行動とは**

　ここでは，「ふれあい－自己を開く・相手を受容する」ことが不足した教師の行動とはどういうものかを考えてみたい。

(1) あいさつ

　子どもたちに「しっかりあいさつしよう」と指導しているのだが，来校した保護者に会釈もしないで足早にすれ違う教師がいる。もしも保護者がネガティブな案件でも抱えて来校していたとしたら，こんな教師の姿に接したとたん，自分は拒否されていると感じてしまうかもしれない。「自己を開く・相手を受容する」には，あいさつがその第一歩である。

(2) 電話

　保護者からの電話は，事務職員や教頭先生・教務の先生などが最初に出て，取り次ぎでも

らう場合が多い。このとき「お待たせしました，○○です」と受話器を取ったほうがよい。こんな忙しい時間に何事か，という気持ちをもつと声に表れるので要注意である。

また，保護者の職場に電話をしなければならないときは，○○学校の□□ということは名乗らないで，「□□と申しますが，Aさんをお願いできますでしょうか」というように，一般的な電話がかかってきたという形にする。「学校からの電話は，よくないことが起きたとき」と思われがちだからである。

そして，込み入った話は電話ですませずに，面談という形を取ったほうがよい。電話では言語以外のメッセージが伝わりにくいので，誤解が生じかねない。

### (3) 連絡帳

連絡帳に保護者からの通信が書かれていた場合，教師の返事には赤ペン以外の通常の筆記用具を用いたい。なぜなら赤ペンは子どもへの評価のための筆記用具だからである。これは友人から聞いた話であるが，自分の子が発熱したので欠席の連絡帳を届けたら，担任の先生から赤ペンで一言「お大事に」と返事が書かれていたそうである。友人は「何だか悲しくなった，昔は，さよならの手紙は赤い字で書いたものね」と言っていた。筆記用具1つで不快なイメージを与えかねないのだから，注意が必要だ。

内容も，「お大事に」だけでなく，「明日は元気な姿に会えるのを楽しみにしています」など一言あると，保護者が安心するのではないだろうか。返事を受け取る側の心情に配慮ができるということは，相手を受容できるということにつながる。

また，何か用件を伝える場合（提出期限を促す書類等）にも，最近子どもががんばっていることなど，ポジティブなことを付け加えて書くとよい。子どもは，自分がほめられたページを繰り返し読むものである。

### (4) 欠席した子への連絡

欠席した子どもへは，「連絡カード」をぜひ作成したい。欠席した日の各時間の教科とその内容，次の日の持ち物や宿題の連絡，班のメンバーからの一言などがあるとよい。保護者は，欠席した日にどんな学習活動が行われたのか，気になるものである。宿題も知らされていれば，体調をみながらやらせることができる。また，クラスの友達から「待ってるよ」の言葉が書かれていると，子どもも翌日の登校が楽しみになる。

欠席が長期（4日以上など）に渡る場合は，クラス全員から，はがき大の用紙にメッセージや絵をかいてもらい，貼り合わせて小さな本を作成するとよい。けがや病気などの場合は，その子が回復しようとするモチベーションになる。保護者も「うちの子のために，みんなが心を寄せてくれた」と感激する。

あるとき，担任をしているクラスの子が数週間も入院したのに，一度もお見舞いに行かなかった教師がいた。入院中の子どもは，毎日見舞いに来る隣のベッドの子の担任が帰ったあと，「A

先生は僕のこと忘れちゃったんだね」と言って泣いたそうである。退院後，保護者がそのことを担任に話したところ，その教師は「忙しかった」と答えたそうである。

　学校に来られず，病気やけがと闘っている子どもを見舞って励ますことも，教師の職務なのではないだろうか。さきの教師の行動は，「忙しかった」を言い訳に，その子の存在をないものとして扱っているのも同然ではないだろうか。

(5) 来校時の保護者との立ち話

　学級役員になってくれた保護者などが用事で来校した折に，廊下で出会う場合がある。「あっ，どうもご苦労さまです」の一言で担任が立ち去ってしまうのは，惜しいと思う。

　役員を引き受けたということには，わが子についていろいろと情報交換をしたり，学校での様子を知ったりできるかもしれないと考えてのこともある。せっかく顔を合わせたのだから，例えば放課後だったら少しでも立ち話をして，その子の話題やクラスの出来事などを知らせたらどうだろうか。また，「この前，漢字プリントを渡したのですが，家でがんばっていますか」など，家庭での子どもの生活を話題にするのもよい。

　役員さんにかぎらず，保護者と率直に情報交換できる関係をつくることは，誤解や行き違いを防ぐことになるし，望ましい学級経営のためにも必要なことである。「ふれあい－自己を開く・相手を受容する」チャンスは，「いつでも・どこでも・どなたでも」である。

(6) 授業ボランティア

　小学校の生活科や，総合的な学習の時間には，ボランティアとして保護者の協力を仰ぐことが多くなった。協力できるかどうかの依頼文を渡して参加者を募ったのだから，授業が終了したあとには，ぜひ「協力に感謝する手紙」を渡したい。そして，それはできるだけ速やかに行ったほうがよい。

　以前，総合的な学習の時間に「手もみ茶づくり」のボランティアを保護者にお願いしたことがある。当日はたくさんの方が来てくれたので，お茶づくりは順調に進んだ。帰りの会で，参加してくれた保護者宛の「お礼の手紙」を該当する子どもたちに渡したところ，「ごていねいにありがとうございます，子どもと一緒に得がたい体験ができました」という内容の連絡帳が翌日に届いた。お礼状は渡すタイミングが重要だと感じた。

　保護者が自分の子のためにボランティアを引き受けるのは当然であるという姿勢では，信頼関係は築きにくいのではないだろうか。

(7) 保護者同士のトラブル

　帰宅後の子ども同士のけんかに保護者が関係してトラブルになり，「先生にご相談したい」という訴えがあった場合，「家庭でのことなので，担任の範疇ではありません」とつっぱねてしまうのはよくない。まず管理職と連携をとり，「なだめる・とりなす」といった，昔ならご近所同士がやっていた第三者的な役割を，学校が担う必要が出てきたと考えたほうがよい。どちらか

一方に加担するのではなく，あくまでも「子どもが健やかに成長するために」という視点で話し合いを進める。保護者が振り上げたこぶしの落としどころに困っている場合もあるので，「子どものためにまるくおさめる」という形を提案する。

**保護者から苦言があったときにどう向き合うか**

　私が教職に就いたばかりのころ，ある保護者から「うちの子は漢字テストのやり方についていけないようだ，先生の指示がわからないらしい。上の子のとき，このような方法でやった先生がいました。参考になりますか？」という内容の連絡帳をもらった。そのときは，やや複雑な思いもしたが，まずは率直に言ってもらったことに感謝の意を表した。そして，「その子どもは私の指示がわからないまま家に持ち帰り，保護者に困った気持ちを訴えたのであろう」と振り返り，その子どもの気持ちを汲めなかった自分の非を謝った。そのうえで，「よい方法は工夫してどんどん取り入れていきたい」と伝えた。その保護者とはとても関係が深まり，その後も何かと協力や援助をしてくれた。あのとき，「私は保護者から責められた」と思い込まなくてよかったなと，いまでも思う。

　保護者が苦言を呈してきたと感じたときは，信頼関係を築けるチャンスでもある。まずは聞くことに徹して，相談や苦情の内容だけでなく，訴えている保護者の心情を汲み取る努力をしたい。そして，「解決のために誠意をもって取り組むので，一緒に連携をとっていきましょう」と伝えることが大事である。責められたと感じて，防衛的にならないことが大切である。防衛的になることは，自己を開くことに逆行する行為である。同じように，保護者にも「学校側から責められた」と感じさせないような対応が必要になる。

　しかし，昨今，一方的で理不尽としか思えない要求をしてくる保護者もみられるようになった。そのときは管理職や関係機関と連携し，窓口を一本化して「子どものよりよい成長」という主題からはずれないように，冷静にして的確な対応をしていきたい。そのためにも，日ごろから欠かさずに子どもたちの様子，保護者からの申し出などを，学年・管理職・校務分掌に関係する先生方と「報告・連絡・相談（ホウレンソウ）」しておくことは基本である。

　細かな場面への対応の具体例は，『教師のコミュニケーション事典』（図書文化）に豊富に示されていて参考になる。また，教師自身が自己盲点を知るためにも，SGEワークショップに参加して研鑽することを勧めたい。

参考文献：河村茂雄編『人間関係づくりスタートブック』教育開発研究所, 片野智治『構成的グループエンカウンター研究』図書文化, 國分康孝・國分久子監修『教師のコミュニケーション事典』図書文化

第5章 日常に生かすSGEの精神

# 保護者SGEを支えるカウンセリング

加勇田修士

## 1. 子どもの現在位置 ―思春期の例―

　思春期の子どもたちは一般に，アイデンティティ（私が何者であるかという感覚）の危機に立たされている。身体的変化，自己意識の高揚，社会的役割の変化など，自分の中に現れてくるさまざまな変化をきっかけに，自分を見つめ，あらためて「自分とは何者であるか」を問い始める。しかし，その答えをすぐに出すことはできず，葛藤が続いていく。

　例えば，思春期前までに取ってきた自分の役割（親の言うことをよくきくいい子）と，思春期以降に社会から求められる役割（自立せよ）が一致しないために，役割葛藤を起こし，自分はどう行動してよいのかがわからなくなってしまう。小さいころは，親や教師の言うことを素直にきいていれば，ほめられ安心できた。しかし，大きくなるにつれ，自分のあり方生き方を自分の責任で選ぶ割合が増えてくる。自分の人生は，自分が主人公であるという意識が芽生えてくる。この急激な変化にとまどい，自分が自分であるという確信を喪失した状態になりやすい。

　思春期の子どもは，このような思春期の発達課題（アイデンティティの確立）と，内側から突き上げてくる性衝動という内外のプレッシャーに挟まれて，相克状態にある。この状態を乗り越えるためには大きなエネルギー（豊かな感情交流）が必要であるが，ストレスがたまるような環境に置かれていた場合には，身体的症状あるいは問題行動，精神的疾患などが生じてくる。

```
                    思春期の発達過程
 ┌──────────┐                           ┌──────────┐
 │不登校，怠学，家庭│ ←自我収縮← 相克状態 →自我拡張⇒ │怠学，非行，校内暴力，│
 │内暴力，家出，自殺，│           ↑          │薬物乱用，家出，性 │
 │薬物乱用，精神障害│         性衝動         │的逸脱行為など　　│
 │など　　　　　　　│        本能的衝動       │　　　　　　　　　│
 └──────────┘                           └──────────┘
              ＊言語によって問題を解決する能力の不足
              ＊発達に必要な情緒的エネルギーの不足
                         ↓
                ┌─────────────────┐
                │①身体的　②行動的　③精神化│
                └─────────────────┘
```

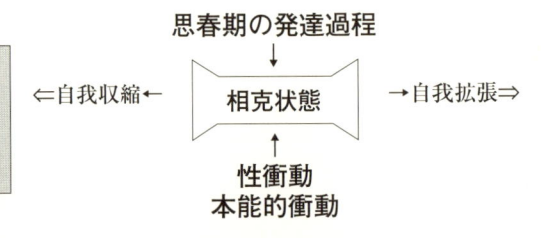

## 2. なぜSGEが有効か

このように，思春期の子どもたちが自信をもって自立の道を歩み始めるためには，特別な支援（エネルギーの補給）が必要である。したがって思春期の子どもにかかわる親や教師は，自らの存在が子どもたちにエネルギーを与える存在になっているか，ストレスを与える存在になってしまっていないかどうかを，よく振り返ることが重要である。「子育て」と「自分育て」は車の両輪のようなものであり，自己理解が深まることで子育てが見直され，子育てについて考えることで自己理解が深まっていく。

構成的グループエンカウンター（SGE）では，［グループは教育者である］という考えのもとに，サイコエジュケーショナルなエクササイズを用いる。エクササイズとはすなわち，心理面の発達を促す達成課題のことである。自己理解，他者理解，自己受容，自己主張，信頼体験，感受性の促進をねらいとするエクササイズを通して，行動の変容と人間的な成長をめざす。

ではここで，SGE体験が保護者自身の振り返りや自己成長にどのように有効であるかを，「ジョハリの窓」(注)を使って説明したい。

以下のように，ジョハリの窓では，自己には4つの側面があると考える。①「開放された自己」，②「自分では気がついていないものの，他人からは見られている自己」，③「隠された自己」，④「だれからもまだ知られていない自己」である。とくに②は自己盲点というべき部分で，自分では親切のつもりでしたことが周りの人の間ではひんしゅくを買っていること等がその例である。

ジョハリの窓

| | 自分にわかっている | 自分にわかっていない |
|---|---|---|
| 他人にわかっている | ①　開放の窓<br>(open self)<br>開放された自己 | ②　盲点の窓<br>(blind self)<br>自分は気がついていないものの，他人からは見られている自己 |
| 他人にわかっていない | ③　秘密の窓<br>(hidden self)<br>隠された自己 | ④　未知の窓<br>(unknown self)<br>だれからもまだ知られていない自己 |

（注）サンフランシスコ州立大学の心理学者ジョセフ・ルフトとハリー・インガムが発表した「対人関係における気づきのグラフモデル」。2人の名前を組み合わせて「ジョハリの窓」と呼ばれる。

SGEには，自己盲点をフィードバックしてもらう（自己発見），本音を隠さないで仲間に語る（自己開示），エクササイズという未知の体験を通して自己の幅を広げる（未知の窓を小さくする）

などの機能がある。この結果,「①開放の窓」が大きくなり,不自由な人生から,より自由度の高い人生へと成長する効果が期待できる。

親自身が思考・行動・感情の幅を広げる努力をする姿を子どもに見せ,保護者同士が本音の交流を深めてあたたかい雰囲気の準拠集団をつくることは,そのまま学級づくりにいい影響を及ぼし,子育てにも大きく反映される。

## 3. SGEを支えるカウンセリング

SGEの提唱者である國分康孝は,カウンセリングを「言語的および非言語的コミュニケーションを通して,相手の行動の変容を援助する人間関係である」と定義したうえで,カウンセリングの理論を,①精神分析理論,②自己理論,③行動主義,④特性・因子理論,⑤実存主義的アプローチ,⑥交流分析,⑦ゲシュタルト療法,⑧論理療法の8グループに分類している。そして,「カウンセラーはクライエントを助けるのに役立つかぎり,そして自分の気質に合うかぎり,できるだけ多様な理論にふれて,それを自分なりに統合しなければならない」という折衷主義の立場を推しすすめている。

1979年に同教授によって日本に紹介された構成的グループエンカウンター(Structured Group Encounter,略称SGE)も,折衷主義の立場をとる。SGEは健全なパーソナリティをもった人を対象としており,発達を支援する開発的カウンセリング(Developmental Counseling)に位置づけられる。

(1) SGEの折衷主義について

エンカウンターはその出発点において,ゲシュタルト療法ワークショップに負うところが大きい。したがって,エクササイズではゲシュタルト療法の発想"「いま−ここ」における気づき"を大切に扱う。また,エクササイズには傾聴志向のものや自他受容・肯定感をねらいとするものがあり,これらはロジャーズ流の自己理論に支えられている。集中的グループ体験(宿泊ワークショップ)での全体シェアリングでは,ときには精神分析理論をもとにリーダーがメンバーを解釈したり助言したりもする。ほかにも,メンバーあるいはリーダー自身の種々のイラショナル・ビリーフを修正するために論理療法が用いられ,この理論を背景とするエクササイズもある。交流分析の「時間の構造化」はSGE合宿でのスケジュールを立てる際に有効となるし,エゴグラムを用いたエクササイズもある。心理テストに代表される特性・因子理論を背景にしたエクササイズは,数は多くないが実践されている。行動主義はエンカウンターの環境づくりに役立ち,リラクゼーションをねらいとするエクササイズもある。

SGEで最も重要視されるのが,自己開示能力である。なぜならば自己開示を通してリレーションが深まり,リレーションは人を癒し,情緒エネルギーを充電する効果があるからである。

自己開示には,①事実の自己開示(例:失敗談),②感情の自己開示(例:いまここにおけ

る気持），③思考の自己開示（例：クリスチャンとしての私の考えは……）などがあり，①→②→③の順に，オープンにする勇気が求められる。リーダーのデモンストレーションやほかのメンバーの自己開示に触発されて，自己開示能力が高まっていくと，心の自由が促進される。「ねばならない自分」から「ありたい自分」に近づくからである（自己理論）。

(2) SGEの思想について

　SGEの中心思想は「実存主義」である。その根底にある人間観は，一人一人が自分の人生の主人公であるという実存思想である。すなわち，「自分は自分である。私は，ほかのだれとも交換不可能な，かけがえのない『私』であって，だから私の人生は，私が自分で引き受けるしかない。私の代わりに私の人生を生きてくれる人なんてだれもいない。だから私の人生は，私自身が責任をもって生きぬいていくしかない」という個の自覚への目覚めを，SGEはねらいとしている。また一方で，我々は他者との関係の中で，自己決定のプロセスを行いながら存在している。他者との関係なしに存在することができないのが人間であり，このことを「世界内存在」という。これもSGEのねらいとするところであり，両者は表裏一体である。

---

「パールズを超えて」（タブス，1972より前半部分）

　私は私のことをする。あなたはあなたのことをする。もし，ただ，それだけで過ごすなら，あぶないことだ！　私たちは相手を失う，その上に自分自身を見失う。
　私は，何も，あなたの気に入るために，この世に生まれて来たわけじゃない。
　けれども，私は，あなたを，たった一人のかけがえのない人間として確認するために，この世に生きる。そしてわたし自身も確認してほしい。

---

　このように，SGEが依って立つ人間観は実存主義思想なのである。実存主義そのものが折衷志向でもある。

(3)「構成的」とは

　構成的グループエンカウンターの"構成的"とは，枠を与えるということだが，この枠こそがSGEの生命線である。そして，この枠を参加者に正しく与え，状況に応じて介入し，柔軟性をもちつつも枠を堅持するのがリーダーの仕事である。したがってリーダーには，グループをまとめ，グループを動かし，メンバー一人一人を育てる強力なリーダーシップが求められる。

　リーダーに望ましい資質として，國分久子は，①柔軟性，②感受性，③自己開示，④フラストレーション・トレランス（欲求不満耐性），の4つをあげている。また，片野智治は初心者のリーダーに「うまくやろうとするな，わかろうとせよ」と言っている。

　私たち教師や親が，大人中心の「うまくやること」から，「わかろうとする」――子ども理解へとシフトするところから，私たちと子どもとのエンカウンターも始まる。そしてここから，私たち自身も自己との出会いが始まるということになる。

第5章 日常に生かすSGEの精神

# 保護者会でのSGE実施の注意点

加勇田修士

## 1. 初級レベル

「SGEを始めるきっかけがつかめない」「自信がない」という声をよく聞く。そのたびに私は,「保護者会を練習台にしましょう」と話している。保護者対象のSGEでは,ほとんど失敗は見られないからである。何よりも保護者はホンネの交流を求めている。保護者会は直接の利害関係のない集団であるから,そういう意味では自然な友情関係が成立しやすい。

スタートはふれあいのエクササイズから始める。「よろしく握手」「2人1組(質問じゃんけん)」「4人1組(他己紹介)」で30分あれば十分である。あと10分あれば,8人1組の「ネームゲーム」で名前を覚える仲間を増やし,次回の保護者会へ期待を残して終わる。

初めは深い自己開示を伴うエクササイズは避けたほうがよい。ふれあいのエクササイズならば,参加者の抵抗が生ずる心配も少なく,あたたかい雰囲気の集団づくりの段階でとどまり,学級運営の面でもやりやすくなるからである。

## 2. ベテランレベル

子育ては自分育てと表裏一体である。「どんな子に育てたいか」は,親自身が「どんな自分を生きているか」につながる。教師自身,保護者自身が,生きがいを探求している姿(モデル)を子どもに示し,子どもに情緒的エネルギーを補給するかかわりが求められる。

ベテランレベルのめざすSGEでは,自己発見・自己開示を伴いながら,保護者が思考・感情・行動の幅を広げられるようなエクササイズを用意したい。例えば,交流分析(エゴグラム),論理療法のリフレーミング,親子の交流のエクササイズなどである。日常の子育てで抱えているさまざまなトピックスが取り上げられ,シェアリングの時間があっという間に過ぎてしまうほど盛り上がり,大きな収穫が得られる。

ふれあいのエクササイズなど,目的を特定した「スペシフィックSGE」に対して,ふれあいと自己発見を通して参加メンバーの「行動変容」を目標としているものを「ジェネリックSGE」という。1泊2日あるいは2泊3日の「ジェネリック」体験コースを何度か経験していれば,もうベテランレベルのSGEリーダーといえる。

# すてきなあなた

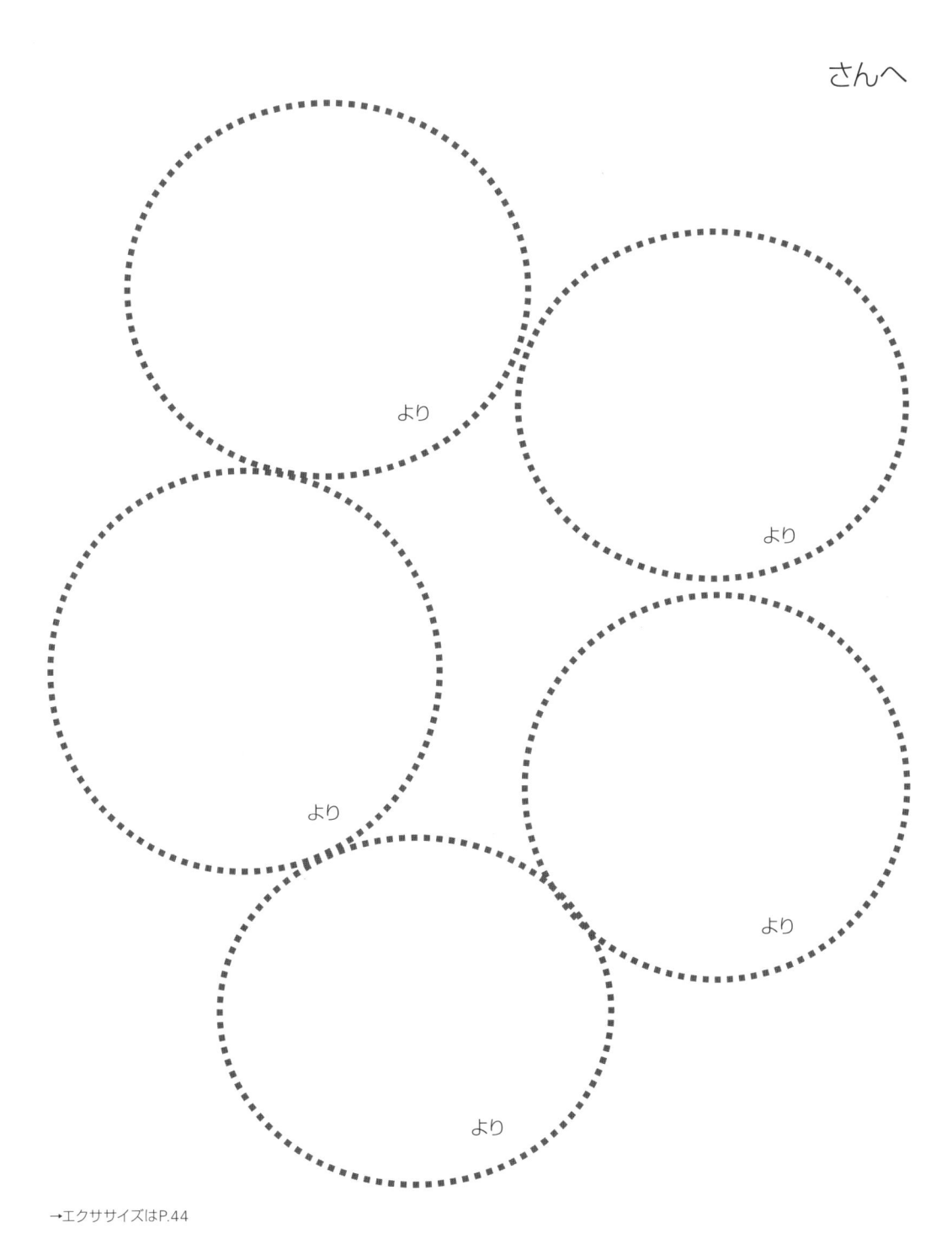

さんへ

より

より

より

より

より

→エクササイズはP.44

# 探偵ごっこ
―新入学バージョン―

やり方　（1）2人組になり，「○○です。よろしくお願いします」と自己紹介。じゃんけんをする。
　　　　（2）じゃんけんに勝った人が，①〜⑩から1つ選んで質問する。次に負けた人が質問する。
　　　　（3）「ありがとうございました」と言って別れ，新しい人と2人組になる。

ルール　●質問は1回に1つです。
　　　　●1つのマスには，1人分の名前を書きます。
　　　　●同じ相手と続けて2人組になれません。間があけば，再び2人組になれます。

## たくさんの人に質問して，当てはまる人を見つけましょう

| | お題 | 当てはまる人の名前 |
|---|---|---|
| 1 | 家から学校まで歩いて10分以上かかる | さん |
| 2 | はじめての小学校入学である | さん |
| 3 | じつは，この学校の卒業生（OB，OG）である | さん |
| 4 | 5人以上の大家族だ | さん |
| 5 | 朝ごはんは和食が多い | さん |
| 6 | 何かの教室や習い事に通っている | さん |
| 7 | イヌよりもネコ派である | さん |
| 8 | これまでに3回以上引っ越しをしている | さん |
| 9 | 毎週欠かさず見ているテレビ番組がある | さん |
| 10 | 車の免許を持っている | さん |

→エクササイズはP.104

# 探偵ごっこ
―これからよろしくバージョン―

やり方　　（1）2人組になり，「○○です。よろしくお願いします」と自己紹介。じゃんけんをする。
　　　　　（2）じゃんけんに勝った人が，①〜⑩から1つ選んで質問する。次に負けた人が質問する。
　　　　　（3）「ありがとうございました」と言って別れ，新しい人と2人組になる。

ルール　　●質問は1回に1つです。
　　　　　●1つのマスには，1人分の名前を書きます。
　　　　　●同じ相手と続けて2人組になれません。間があけば，再び2人組になれます。

## たくさんの人に質問して，当てはまる人を見つけましょう

| | お題 | 当てはまる人の名前 |
|---|---|---|
| 1 | 中学時代，文化系の部活動に入っていた | さん |
| 2 | 毎朝コーヒーを飲む | さん |
| 3 | 3回以上引っ越した | さん |
| 4 | ふだん，夜の12時過ぎまで起きている | さん |
| 5 | 女姉妹だけである | さん |
| 6 | お菓子作りが趣味である | さん |
| 7 | 犬を飼っている | さん |
| 8 | 健康維持のために何かしている | さん |
| 9 | 何かの教室か，習い事に通っている | さん |
| 10 | テレビよりラジオ派である | さん |

→エクササイズはP.134

# ビンゴカード

今日のテーマ

|  |  |  |
|---|---|---|
|  |  |  |
|  |  |  |
|  |  |  |

　　　　　　　○が2つそろったら　→　**リーチ!**
　　　　　　　○が3つそろったら　→　**ビンゴ!**

---

**＜ビンゴのやり方＞**
1. **マスをうめましょう**
   　**早くビンゴになるコツ**　まん中と四スミには，みんなと同じになりそうなものを書きます。
2. **グループでビンゴをしましょう**
   　時計回りに，自分の書いたものを1つずつ読み上げていきましょう。
   　**ルール①**　発表するとき，自分のビンゴのまん中と四スミのものを読んではいけません。
   　**ルール②**　発表と同じものがあったら，みんなに見せてからマスに○をつけます。
   　**ルール③**　同じかどうかまよった時は，グループのみんなと話し合って決めます。

→エクササイズはP.138

## あとがき

　学校教育の活性化および子どもへの教育効果に与える影響を考えるとき，保護者の協力を得られるかどうかは極めて重要であろう。そこで本書は，保護者会は単なる諸連絡・伝達の場ではなく，子どもの幸せを共に願う援助者同士の学び合う機会であるという観点に立って監修・編集された。すなわち，保護者会を，保護者と教師間のふれあいと自他発見を促進するものにするためにはどうしたらよいか。本書はそのノウハウを満載している。

　構成的グループエンカウンター（略称SGE）の提唱・実践者である國分康孝Ph.D.,國分久子M.Aが監修する本書は，単なるハウツー書ではなく，SGEのエッセンス（例：哲学，カウンセリング心理学の知見）が随所に盛り込まれたものである。さらに本書において，SGEはコミュニティ・カウンセリングの先鋒を切ったのである。

　出版にあたり，図書文化社の村主典英社長，同社出版部の東則孝・渡辺佐恵の両氏に謝意を表する。

編集代表　片野智治

### ■執筆者一覧

|  |  |
|---|---|
| 明里康弘 | 千葉市立磯辺第一中学校教頭 |
| 朝日朋子 | 台東区立台東育英小学校主幹教諭 |
| 阿部雅子 | 川崎市立田島小学校教諭 |
| 石塚勝郎 | 日本教育カウンセラー協会鹿児島県支部代表 |
| 今村啓子 | さいたま市立大久保小学校教諭 |
| 片野智治 | 跡見学園女子大学教授 |
| 加勇田修士 | 東星学園幼稚園園長・小・中・高等学校校長 |
| 國分久子 | 青森明の星短期大学客員教授 |
| 國分康孝 | 東京成徳大学副学長 |
| 櫻井　実 | 稲沢市立稲沢西小学校教諭 |
| 杉村秀充 | 稲沢市立稲沢西小学校校長 |
| 髙橋光代 | 川口市立東領家小学校教頭 |
| 高畑　晃 | 富山市立四方小学校教頭 |
| 竹内紀子 | 所沢市立若狭小学校教諭 |
| 中島智美 | 川崎市立三田小学校教諭 |
| 仲手川勉 | 平塚市立金田小学校校長 |
| 生井久恵 | 松戸市立柿ノ木台小学校教諭 |
| 萩原美津枝 | 千葉市立北貝塚小学校教諭 |
| 長谷貴美子 | 東星学園小学校父母会役員 |
| 原田友毛子 | 所沢市立南小学校教諭 |
| 藤川　章 | 杉並区立中瀬中学校校長 |
| 藤村誠毅 | 川崎市立はるひ野小学校教諭 |
| 別所靖子 | 埼玉大学非常勤講師 |
| 星　由希 | 五泉市立村松小学校教諭 |
| 本田真一 | 川崎市立はるひ野小学校教諭 |
| 三堀あづさ | 茅ヶ崎市立鶴峯小学校教諭 |
| 村田巳智子 | 富山市立神保小学校教頭 |
| 森沢　勇 | 富山市立針原小学校校長 |
| 簗瀬のり子 | 栃木県教育委員会事務局塩谷教育事務所指導主事 |
| 山宮まり子 | 柏市立藤心小学校校長 |
| 渡辺寿枝 | 川崎市立はるひ野小学校総括教諭 |

（2009年6月現在，五十音順）

## ■監修者紹介

**國分康孝** こくぶ・やすたか
東京成徳大学副学長。日本教育カウンセラー協会会長。日本カウンセリング学会会長。東京教育大学，同大学院を経てミシガン州立大学大学院カウンセリング心理学専攻博士課程修了。Ph.D.。ライフワークは折衷主義，論理療法，構成的グループエンカウンター，サイコエジュケーション，教育カウンセラーの育成。著書多数。

**國分久子** こくぶ・ひさこ
青森明の星短期大学客員教授。日本教育カウンセラー協会理事。関西学院大学でソーシャルワークを専攻したのち，霜田静志に精神分析的教育分析を受ける。その後，アメリカで児童心理療法とカウンセリングを学び，ミシガン州立大学大学院から修士号を取得。論理療法のエリスと実存主義的心理学者のムスターカスに師事した。

## ■編集代表者紹介

**片野智治** かたの・ちはる
跡見学園女子大学教授。日本教育カウンセラー協会副会長。武南高等学校に勤務しながら筑波大学大学院教育研究科修了。東京成徳大学大学院博士課程修了。博士(心理学)。趣味は写真撮影。著書に『教師のためのエンカウンター入門』『構成的グループエンカウンター研究』(図書文化)，『構成的グループ・エンカウンター』駿河台出版。

## ■編集者紹介

**原田友毛子** はらだ・ともこ
所沢市立南小学校教諭。埼玉県教育カウンセラー協会理事。上級教育カウンセラー。筑波大学大学院教育研究科修了。國分先生の著作からSGEに出合う。ふれあいのある学級集団が子どもの社会性を促進し，学力も向上させると考えている。キーワードは「いいとこさがし」。分担執筆『構成的グループエンカウンター事典』ほか。

**杉村秀充** すぎむら・ひでみつ
愛知県稲沢市立稲沢西小学校校長。愛知教育カウンセリング研究会副会長。上級教育カウンセラー。南山大学卒業。小中学校教諭，中学校長を経て現職。長年，生徒指導主事として非行・いじめ・不登校等に取り組む。SGEと勇気づけを広げるのが使命。共著『構成的グループエンカウンター事典』『教研式知能検査Q&A』(図書文化)。

**渡辺寿枝** わたなべ・としえ
川崎市立はるひ野小学校総括教諭。上級教育カウンセラー。山口大学を卒業後，小学校に勤務。横浜国立大学に教育相談派遣内地留学。「國分カウンセリング研究会」で出合った構成的グループエンカウンターを学級経営に取り入れながら自分自身の成長にも生かしている。共著「構成的グループエンカウンター事典」(図書文化)。

エンカウンターで保護者会が変わる　小学校

2009年11月20日　初版第1刷発行　［検印省略］

| | |
|---|---|
| 監修 | ©國分康孝・國分久子 |
| 編集 | 片野智治 (代表) |
| | 原田友毛子，杉村秀充，渡辺寿枝 |
| 発行人 | 村主典英 |
| 発行所 | 株式会社 図書文化社 |
| | 〒112-0012　東京都文京区大塚3-2-1 |
| | Tel.03-3943-2511　Fax.03-3943-2519 |
| | 振替　00160-7-67697 |
| | http://www.toshobunka.co.jp/ |
| カバー・本文デザイン | 本永恵子デザイン室 |
| 本文イラスト | 岡田知正 |
| 印刷所 | 株式会社 加藤文明社印刷所 |
| 製本所 | 合資会社 村上製本所 |

乱丁・落丁本の場合はお取り替えいたします。
定価はカバーに表示してあります。

ISBN 978-4-8100-9551-7　C3337

# 構成的グループエンカウンターの本

## 必読の基本図書

### 教師のためのエンカウンター入門
片野智治著　　A5判　　本体：各1,000円＋税

### 構成的グループエンカウンター事典
國分康孝・國分久子総編集　A5判　　本体：6,000円＋税
学校を中心に30年に及ぶ実践の全ノウハウを集大成

### 自分と向き合う！究極のエンカウンター
國分康孝リーダーによる2泊3日の合宿体験
國分康孝・國分久子編著　B6判　　本体：1,800円＋税

### エンカウンターとは何か　教師が学校で生かすために
國分康孝ほか共著　B6判　　本体：1,600円＋税

### エンカウンター　スキルアップ　ホンネで語る「リーダーブック」
國分康孝ほか編　B6判　　本体：1,800円＋税

### エンカウンターで学校を創る
國分康孝監修　B5判　　本体：2,600円＋税

## 目的に応じたエンカウンターの活用

### エンカウンターで進路指導が変わる
片野智治編集代表　B5判　　本体：2,700円＋税

### エンカウンターで学級づくりスタートダッシュ　小学校編・中学校編
諸富祥彦ほか編著　B5判　　本体：各2,300円＋税

### エンカウンター　こんなときこうする！小学校編・中学校編
諸富祥彦ほか編著　B5判　　本体：各2,000円＋税　ヒントいっぱいの実践記録集

### どんな学級にも使えるエンカウンター20選・中学校
國分康孝・國分久子監修　明里康弘著　B5判　　本体：2,000円＋税

## 多彩なエクササイズ集

### エンカウンターで学級が変わる　小学校編　Part1～3
國分康孝監修　全3冊　B5判　本体：各2,500円＋税　ただしPart1のみ本体：2,233円＋税

### エンカウンターで学級が変わる　中学校編　Part1～3
國分康孝監修　全3冊　B5判　本体：各2,500円＋税　ただしPart1のみ本体：2,233円＋税

### エンカウンターで学級が変わる　高等学校編
國分康孝監修　B5判　　本体：2,800円＋税

### エンカウンターで学級が変わる　ショートエクササイズ集　Part1～2
國分康孝監修　B5判　本体：①2,500円＋税　②2,300円＋税

## 図書文化

※定価には別途消費税がかかります